AF502342

JOURNAL DE GINGUENÉ

1807-1808

JOURNAL DE GINGUENÉ

1807-1808

THÈSE

PRÉSENTÉE

A LA FACULTÉ DES LETTRES DE LYON

PAR

PAUL HAZARD

Ancien élève de l'École Normale Supérieure,
Agrégé des lettres.

PARIS

LIBRAIRIE HACHETTE ET Cⁱᵉ

79, BOULEVARD SAINT-GERMAIN, 79

1910

JOURNAL DE GINGUENÉ

1807-1808

THÈSE

PRÉSENTÉE

A LA FACULTÉ DES LETTRES DE LYON

PAR

PAUL HAZARD

Ancien élève de l'École Normale Supérieure,
Agrégé des lettres.

PARIS

LIBRAIRIE HACHETTE ET Cie

79, BOULEVARD SAINT-GERMAIN, 79

1910

A

M. F. BALDENSPERGER

JOURNAL DE GINGUENÉ

1807-1808.

M. A. Guillois a le premier attiré l'attention sur le *Journal* de Ginguené ; il en a cité des extraits dans son étude sur *Le Salon de Madame Helvétius* (Paris, 1894, in-12). L'histoire du manuscrit est simple. Ginguené, quand il mourut, le laissa à son enfant d'adoption, James Parry. Le fils de James Parry, puis son petit-fils, en héritèrent à leur tour ; M. A. Guillois l'acquit lorsque ce dernier s'en dessaisit. Il l'a donné maintenant à la mairie du XVIᵉ arrondissement, avec d'autres papiers des Idéologues (Collection Parent de Rosan, in-folio num. 20).

C'est là que nous l'avons trouvé, d'après ses obligeantes indications. Il nous a semblé digne d'être publié, pour la valeur historique de son témoignage ; et aussi pour son caractère littéraire. Son allure, sa couleur sont très différentes de ce que nous sommes habitués à voir ; il est ingénu et suranné. Il a été rédigé sur une table de style empire, avec une plume d'oie, devant une pendule qui représentait le temple de l'amitié ; on croit retrouver sur certains mots la poudre qui a séché l'encre, l'encre pâlie et qui va s'effaçant.

La difficulté était de ne pas le surcharger de notes, ce qui eût été le trahir ; et de ne pas le priver non plus des éclaircissements historiques dont il a besoin. La critique contemporaine est bien embarrassée : elle sent qu'elle étouffe les textes sous les explications ; et ces explications, il faut pourtant qu'elle les donne. — Pour notre compte, nous avons essayé de ne pas défigurer le récit par les gloses ; de les séparer, et d'établir simplement entre les deux un parallélisme. Nous avons résolument supprimé les petites dissertations du bas des pages, qui obséderaient l'attention, et gâteraient le plaisir littéraire : nous voulons que le lecteur, s'il le désire, parcoure le morceau tout d'une haleine. Mais s'il lui plaît, par contre, de s'arrêter, les marges lui indiqueront sobrement les pages où il

Paul Hazard.II. — 1

pourra se renseigner à loisir. Le *Journal* renvoie au commentaire ; et le commentaire, au *Journal*.

Nous avons utilisé les manuscrits de Ginguené conservés à la Bibliothèque Nationale (Nouvelles Acquisitions, Fonds Français, 9192-9220), et le carton F⁷ 3456 des Archives Nationales. Nous tenons à remercier MM. Perrot et Rébelliau, qui nous ont ouvert la Bibliothèque de l'Institut ; A. Raoul-Duval, qui nous a permis de reproduire des vers inédits de Ginguené, rencontrés dans les papiers de J.-B. Say, son arrière-grand-oncle ; et d'une façon toute particulière M. Baldensperger. La famille Mazeran avait bien voulu mettre à sa disposition les documents qu'elle possède sur Ginguené et la *Décade philosophique* ; il nous en a laissé le libre usage.

1807.

Pendant les cinq premiers mois de cette année, j'ai été unique- *P.* 28.
ment occupé de mon histoire littéraire d'Italie; j'en avais recom-
mencé le cours à l'Athénée vers la fin de décembre. J'y ai traité de
la tragédie italienne au xvi⁰ siècle; de la comédie, du drame
pastoral, du poème didactique, de la satire, de la satire bur-
lesque, ou *giocosa*, et par suite, de toute la poésie de ce genre pendant le même siècle. En tout quinze discours.

Je m'étais engagé pour dix-huit, mais ce travail forcé a tellement altéré ma santé, que je n'ai pu aller jusqu'à la fin. J'ai cessé
mes leçons à la fin d'avril; et je suis resté malade une partie du
mois de mai: je ne me suis remis qu'à la campagne. Mon premier *P.* 53.
travail a été pour la *Revue*. Je n'y avais rien fourni cet hiver. Ce
journal est un peu en désarroi; des cinq associés primitifs, Say a
entrepris une grande manufacture à Auchy, dans le département du
Pas-de-Calais; Le Breton est tout occupé de son ambition et de sa
fortune; Andrieux de ses comédies, de son École polytechnique et
de sa cour de Naples: il vient même de nous donner sa démission
formelle, et de se retirer tout à fait. Amaury Duval est absorbé par
la rédaction générale, par son bureau à l'intérieur et par quelques
entreprises littéraires. Il n'y avait donc plus pour soutenir cette
pauvre ex-décade que les collaborateurs étrangers, deux surtout,
Auger, ou O, et le jeune La Renaudière, tous deux des bureaux de
l'intérieur; on m'a fortement engagé à y reprendre du travail, et
j'en ai senti la nécessité.

J'ai commencé, à la fin de mai, par un extrait des deux poèmes *P.* 56.
ou discours en vers couronnés par la seconde classe de l'Institut,
et de celui qui a obtenu l'accessit. Cet extrait a paru en trois articles. Je crois y avoir fait entendre, à propos du *Voyageur*, qu'en
général on juge mal les ouvrages de concours dans cette classe.
C'est mon avis depuis longtemps.

Juin. J'ai fait, pour la *petite* fête du jour de naissance de mon *P.* 27.
petit James, une pièce de vers, qui a touché ceux qui l'ont entendue

ou lue, parce que j'étais moi-même très touché en la faisant. Ce
cher enfant, quand je la lui ai récitée à table, s'est levé de sa place,
et est venu se jeter dans mes bras, en fondant en larmes. Ma femme,
ses amis, tout le monde pleurait, et moi aussi.

P. 57.   On avait inséré dans la Revue, n° XI, une lettre de *Philœbus* contre
le poëte italien *Monti*, qui m'avait beaucoup déplu. J'avais prévenu
Amaury Duval que j'y répondrais. Je ne l'ai pu que dans ce mois.
Des circonstances ont retardé l'impression de ma réponse qui n'a
paru que le 1ᵉʳ juillet, n° XIX. Je parle ailleurs en détail de cette tracasserie italienne.

P. 26.   Mes fantaisies musicales m'ont repris. J'avais commencé les années précédentes à corriger et mettre au net douze airs avec accom-
pagnements, composés à Rennes dans ma première jeunesse. J'en
étais resté au huitième. J'ai corrigé et recopié le n° 9, en *la : De nos
forêts l'ombrage et la fraicheur*. J'ai fait aussi pour mon recueil
de romances et de petits airs, avec accompagnement de *forte
piano*, un huitième air d'Estelle : *dans cette aimable solitude*. J'ai
retrouvé dans mes papiers un vieil air qui plaisait beaucoup aux
vieilles dames de Rennes et dont les paroles sont de Dorat ; *des lan-
gueurs où l'amour me jette*. Je l'ai mis au net et placé dans mon
recueil. Il commencera la seconde suite aux airs de Galathée et
d'Estelle. Ce qui lui donne pour moi quelque intérêt, c'est qu'il s'y
trouve des traits fort ressemblants à cet air si touchant d'Énée qui
ouvre le second acte de *Didon : au noir chagrin qui me dévore*. Ce
rapport ne flatte pas seulement mon amour-propre ; il m'attendrit
aussi par le souvenir de mon ami et de mon maître. J'ai mis après
cet air deux ou trois autres petits chiffons moins anciens que j'ai
aussi retrouvés.

P. 32.   Un travail plus sérieux que j'ai fait pendant la dernière partie de
ce mois et que je n'ai terminé qu'au commencement de l'autre,
c'est le compte à rendre à l'Institut assemblé des travaux de ma
classe. L'arrêté du gouvernement qui a réformé l'Institut (art. 9)
est positif là-dessus. La classe des sciences mathématiques et physiques ne l'observe qu'en faisant imprimer ce compte qui nous est
distribué dans sa séance publique. Celle de la langue et de la littérature française a déclaré qu'elle n'avait point de compte à rendre :
on en sait bien la raison. La classe des beaux-arts remplit de ce
compte rendu une partie de sa séance publique, je ne me rappelle
plus si elle fait autre chose avant ou après. Pour nous jusqu'ici nous
ne publions rien ; nos érudits craignent de la meilleure foi du monde
que si l'analyse de leurs mémoires était rendue publique, on ne

s'emparât de leurs sujets, de leurs idées, et qu'on ne leur en enlevât
la nouveauté et la gloire. Nous nous bornons donc prudemment à
l'exécution de l'arrêté.

Jusqu'à présent, le bonhomme Ameilhon a été chargé de ce rapport. Il l'était, je crois, d'un travail semblable dès le temps de
l'Académie des Inscriptions. Cette commission est annuelle ; mais
tous les ans par routine on renommait Ameilhon. Il devenait cependant plus lourd et plus long d'année en année. L'usage était dans
l'assemblée générale où il débitait son affaire de se lever successivement à mesure qu'il s'avançait, de s'écouler tout doucement, en
sorte que d'ordinaire il finissait entre amis. Il ne s'en donnait pas
pour cela moins de peine ; on le sentait, on le continuait, et c'était
toujours la même chose. Il s'est enfin lassé de ce travail, en effet
très pénible. Il nous a donné sa démission, et j'ai été nommé au
scrutin pour remplir sa place.

JUILLET. Je me suis rendu à Paris pour notre séance du vendredi
3, et j'ai, comme on dit, fait le pont jusqu'au mardi suivant, jour
de l'assemblée générale ; pendant ces quatre jours, je me suis occupé de finir mon analyse, et surtout de la réduire à une juste mesure. J'y ai passablement réussi. La lecture a duré le mardi de
trente à quarante minutes. L'assemblée était très nombreuse ; elle
a été très attentive ; personne ne s'est levé, n'a causé ; le silence a
été complet jusqu'à la fin ; et cette fin venue, j'ai reçu de tout le
monde des témoignages de satisfaction auxquels je n'ai pu manquer
d'être fort sensible.

De retour à Saint-Prix, j'ai laissé passer deux vendredis sans repa- *P.* 35.
raître à nos séances. Quelques membres de la classe, les mieux traités dans mon rapport, auraient bien voulu qu'il fût imprimé.
D'autres reconnaissaient que nos travaux ainsi présentés nous faisaient honneur et offraient une masse de résultats que la première
classe elle-même ne surpasse point dans son genre ; mais les per-
ruques, fondées sur l'impression, en repoussèrent l'idée, comme une
innovation dangereuse. On m'instruisit de tout cela, à la dernière
séance du mois ; on me témoigna les mêmes regrets. Quelques-uns
m'engageaient à faire imprimer dans le *Moniteur*, dans la *Revue*,
comme le font la première et la quatrième classe ; ils m'assuraient
que la chose étant faite, personne ne s'en plaindrait. Je ne voulus
rien faire sans autorisation, et quoi qu'il m'en coutât de la demander, je pris enfin ce parti. La discussion s'ouvrit. Les oppositions
furent assez fortes et les opposants assez tenaces ; mais quand on
vota, la pluralité fut pour moi ; ce ne fut même pas dans un journal

que je fus autorisé à publier mon rapport, il fut arrêté que désormais les rapports de cette espèce seraient imprimés aux frais de la classe, et distribués à l'Institut entier. Deux membres persistèrent à ne pas vouloir qu'il fût question d'eux, M. Larcher, dont j'avais analysé avec soin un mémoire sur la harangue attribuée à Démosthène contre la lettre de Philippe aux Athéniens et M. Quatremère dont j'avais eu beaucoup de peine à éclaircir les idées alambiquées sur ce qu'il nomme la sculpture polychrome des anciens. Je promis à ces Messieurs de supprimer ce qui les regardait, et je leur ai tenu parole.

P. 29.   Dans le cours de ce mois, ayant fait à pied une assez longue course champêtre, pour aller voir Grétry à son hermitage, et Mme Mongeroult au Châlet, avec un Horace en poche, lisant et rêvant, à travers la forêt, par le plus beau temps du monde, mais par une extrême chaleur, je m'amusai à mettre en vers la fable des deux rats qui termine la charmante satire *hoc erat in votis*. J'en fis une bonne partie en allant, une autre en revenant le soir. Je l'ai terminée peu de temps après, en allant en voiture de Paris à Fontenay-aux-Roses. Elle a plus de cent trente vers. Quelques amis à qui je l'ai lue en ont été contents. Elle a paru dans la *Revue* n° XXIII.

P. 61.   J'ai fait pour la *Revue* un extrait assez travaillé de l'*Histoire de l'anarchie de Pologne*, par Rulhière — rétablie sur le manuscrit de l'auteur et mise au jour par Daunou. Cet extrait n'a paru que dans les n°s XXI et XXIII, premier et troisième du mois d'août.

Août. Les chaleurs excessives, quelques incommodités et d'assez fréquents voyages à Paris pour des affaires ont presque entièrement interrompu mes travaux, et je n'ai à peu près rien fait dans tout ce mois. J'appris à l'un de mes voyages à Paris que la *Revue* était réunie au Mercure par un arrêté du ministre de la police générale. Legouvé en était nommé censeur et rédacteur général avec douze mille francs d'appointements ; Amaury Duval sous-rédacteur, avec trois mille. C'était avec lui que tout avait été traité ; il n'avait pas eu le temps d'avertir les co-propriétaires ; et nous eûmes le premier avis quand tout fut fait. Le ministre assurait, me disait-on, que c'était par bienveillance pour nous et pour sauver la *Revue* d'une perte inévitable qu'il avait fait cette opération. Le gouvernement ne voulait plus qu'un seul journal littéraire ; il lui destinait de grands encouragements, et n'en pouvait donner à plusieurs. Mais c'était l'esprit de la *Revue* qu'il voulait que conservassent les deux journaux réunis ; et c'était elle qu'on avait l'intention de favoriser dans cette affaire. Je ne fus point la dupe de ces belles paroles. Il est vrai qu'avec

quelque liberté que la *Décade* et ensuite la *Revue* se fussent exprimées quelquefois, jamais nous n'en avions reçu aucun reproche. Jamais le rédacteur n'avait été averti, ni par lettres de la police, ni
autrement que cette liberté eût pu déplaire; mais je n'en savais pas
moins à quoi m'en tenir et je restai persuadé que le ton général et *P. 62.*
surtout certains passages de mon extrait de l'*Histoire de l'anarchie
de Pologne* avaient décidé notre suppression, qu'on appelait réunion par politique; ou si l'on veut par politesse. Il est assurément
très ridicule de vouloir faire aller ensemble et du même pas la *Revue*
et le *Mercure*. Il l'était surtout de réunir, de vouloir rendre co-propriétaires et collaborateurs Chateaubriand et moi. Ceux qui se rap-
pelleront la manière gaie dont j'avais traité son *Génie du christianisme* verront jusqu'où allait ce ridicule. On avait peut-être voulu
le faire tomber sur nous; mais il ne tombait que sur les auteurs de
la besogne, puisque nous n'avions été consultés sur rien.

Tout à peu près était réglé. Il ne restait à décider qu'une question *P. 64.*
importante: quel serait l'imprimeur du nouveau Mercure et chez
quel libraire serait le bureau? Le ministre ne voulait point des Le
Normand, chez qui s'imprimait et se débitait le *Journal de l'Empire*.
Cette machine du Journal de l'Empire ou des anciens *Débats* est une
batterie montée contre la police elle-même, ou du moins indépendante d'elle, et l'un de ces ressorts multipliés qui font mouvoir en
divers sens la politique actuelle du gouvernement. L'adjonction d'un
nouveau journal lui donnait trop de force; on voulait la dédoubler;
on ne voulait pas non plus laisser à la *Revue* l'imprimerie et le
bureau; c'eût été lui donner trop d'avantages sur le Mercure, qui eût
été alors trop visiblement sacrifié; et quoi qu'on fût plus particulière-
ment porté pour la *Revue*, on voulait garder publiquement la neu-
tralité. Les Le Normand faisaient tous leurs efforts pour se conserver
entiers. Les co-propriétaires de la *Revue* répugnaient extrêmement
à se trouver transportés ou déportés corps et biens dans l'atelier de
leurs plus violents ennemis. Amaury Duval frémissait du triste rôle
qu'il jouerait au milieu d'eux. Outre la sous-rédaction générale, il
s'était encore fait donner la caisse; mais si les *Débats* avaient l'imprimerie et le bureau, s'il fallait aller s'établir avec eux dans la rue
des Prêtres, le pauvre Duval sentait qu'il n'y tiendrait pas longtemps.

Le ministre et Legouvé en son nom avaient annoncé que de
grands avantages seraient faits aux propriétaires de la *Revue*, et
que moi principalement, dont on connaissait les droits particuliers,
et pour qui l'on avait une bienveillance personnelle, on me traite-
rait de manière à m'ôter tout sujet de plainte ou de regret. Amaury

Duval pensait que si je voyais le ministre, sous prétexte de lui parler de mes intérêts, je pourrais obtenir beaucoup pour la cause commune, et surtout détourner le coup qu'il redoutait d'autant plus qu'il ne croyait pas Legouvé éloigné de favoriser les Le Normand. Je demandai une audience au ministre qui fut très empressé à me l'accorder. Ayant reconnu ce que c'était que toutes ses belles paroles, auxquelles mon malheureux ami Grouvelle s'était trop laissé bercer, j'avais cessé de le voir depuis longtemps. Il me reçut comme s'il m'avait vu la veille, me répéta tout ce qu'on m'avait dit des motifs qui l'avaient décidé à cette réunion et de ses projets pour l'avantage des auteurs de la *Revue*, et surtout pour le mien.

Les représentations que je fis sur l'indépendance et la propriété qu'on m'enlevait, sur la suppression réelle que couvrait cette réunion prétendue, sur l'inconséquence qu'il y avait à m'assurer que l'esprit et les principes de la *Revue* non seulement n'excitaient aucun mécontentement, mais qu'ils plaisaient même et que c'étaient cet esprit et ces principes qu'on voulait conserver dans l'amalgame, et dans le même temps à la supprimer et à la sacrifier aussi évidemment à un journal dont les principes et l'esprit étaient diamétralement opposés, etc.; ces représentations et beaucoup d'autres, faites et exprimées très librement, furent très bien accueillies. Les réponses furent remplies d'aménité, de bienveillance, d'amitié; c'était absolument pour notre bien que tout s'était fait. Il savait que nous traînions le diable par la queue (ce furent ses termes). C'était lui qui avait imaginé cette opération pour nous sauver. Il avait présenté ce plan à l'Empereur: voulais-je qu'il défît ce qu'il avait fait et qu'il courût auprès de Sa Majesté les risques de cette contremarche? Il le ferait plutôt que de me faire de la peine. Sur tout cela je me gardai de deux choses, d'en croire un mot et de le prendre au mot.

Je vins au fait de l'imprimerie et du bureau. Le résultat de tout ce que je pus dire fut que, pour tenir la balance égale, il ne voulait de l'ancien établissement ni de l'un ni de l'autre des deux journaux; que la proposition à laquelle je me réduisais d'un tiers libraire étranger aux deux parties parerait à tous les inconvénients, et devait satisfaire tout le monde; qu'il fallait donc nous entendre pour en choisir un et le lui présenter. Quant à moi personnellement, après m'avoir répété plusieurs fois de le laisser faire et de n'être inquiet de rien, il m'expliqua plus en détail ses intentions, lorsqu'en se levant il me donna le signal d'en faire autant pour terminer la séance. Il venait d'obtenir pour Chénier une pension de six mille francs. Il se faisait fort d'en obtenir une pour moi, sinon aussi forte, au moins telle que je serais content. J'avais par son arrêté un douzième dans la propriété du nouveau Mercure, qu'il allait faire monter à une grande prospérité ; j'aurais en outre un traitement fixe pour mon travail, et mes articles me seraient payés en outre à deux cents francs la feuille. Serez-vous content? ajouta-t-il. Je le serais sans doute, répondis-je, si tout cela s'exécutait. Il y en a une partie bien importante qui ne dépend pas entièrement de vous, c'est la pension, et je ne crois point du tout que vous l'obteniez pour moi ; mais le reste est en votre pouvoir, et je m'en remets sur le tout à votre bienveillance et à votre justice. « Comptez sur tout ce que je vous ai dit, comptez-y comme si vous l'aviez », me répéta-t-il en rentrant dans son cabinet intérieur. Je me retirai sans y croire et la suite m'a prouvé que j'avais parfaitement raison.

Cependant il y avait eu une réunion générale des nouveaux copropriétaires au bureau de MM. de l'Empire. Je n'avais point voulu m'y rendre, pouvant prétexter mon séjour habituel à la campagne. Amaury Duval s'y trouva avec Chateaubriand. Les choses se passèrent poliment entre eux, gaîment même, car tous deux commencèrent par se rire au nez en se voyant. Dans cette séance, les anciens mercuriels montrèrent plus d'honneur que nous contre la réunion et contre ceux qui l'avaient ordonnée. Chateaubriand surtout ne se gênait pas. Il disait en parlant du maître « Sa Majesté l'Empereur... et Roi, car je ne veux lui rien ôter de ses titres ». Il dit même au sujet des parts de copropriété : « Vous sentez bien, Messieurs, qu'un homme à qui l'on fait tous les jours l'honneur de lui promettre qu'il sera fusillé le lendemain, ne tient pas beaucoup à ces choses-là. » Tout fut à peu près sur ce ton. Chacun des deux partis plaida pour soi sur l'article administratif, et l'on ne décida rien sinon d'attendre la décision du ministre. Son consentement à ma proposition d'un tiers libraire dont nous serions convenus entre nous nécessita une seconde réunion : elle se tint chez Legouvé ; je m'y rendis et à son tour Chateaubriand n'y vint pas. Le détail de cette conférence, où les registres furent apportés et exhibés de part et d'autre, serait inutile. Le libraire Arthus Ber- P. 64. trand s'était offert à Duval qui le proposa aux associés. Legouvé, sans l'écarter, parla de Nicole, aussi étranger, disait-il, aux deux parties, que Bertrand. Il se trouva pourtant ensuite que Nicole était une homme de paille des Le Normand [1] ; ce sont ces petits traits qui

---

1. Non pas de Le Normand, comme je l'ai su depuis, mais de Bertin de Vaux, associé de Le Normand, bailleur de fonds et directeur de toutes ses entreprises (Note de Ginguené).

font voir sur quel terrain nous étions : en voici un autre. Rien n'était encore arrêté, je demandai un rendez-vous, non au ministre, pour ne pas le fatiguer de moi, mais à son secrétaire intime, son homme de toute confiance, l'ex-oratorien et ex-émigré Maillocheau. Je parlai d'Arthus Bertrand. Je fus très surpris du mouvement de répugnance avec lequel il fut repoussé. « Non non, dit Maillocheau, il ne conviendrait nullement. Cet homme est fils ou neveu de ce Bertrand de la police que tout le monde connaît. On dirait que le Mercure serait entre les mains de la police ; ce serait du plus mauvais effet dans le public. » Ceci a l'air d'un trait de comédie quand on songe où nous étions et qui me parlait. Pour entendre ce que cela

P. 65.

voulait dire, il faut se rappeler que ce Bertrand dont on prétendait qu'Arthus était fils ou neveu n'était pas de la police générale, mais de la police tout court, de la petite police Dubois, mortellement ennemie de l'autre. Dans mon étonnement, je ne pus dire qu'une chose, c'est qu'Arthus Bertrand libraire nous était recommandé par des personnes qui attestaient son honnêteté, et qui ne s'intéresseraient sûrement point à lui s'il était l'homme qu'on le disait être. C'était mon confrère De Gérando qui me l'avait recommandé à l'Institut, comme il l'avait fait à Duval au ministère de l'Intérieur. Mais enfin, je ne pouvais rien contre un repoussement si positif et si fort, fondé sur une circonstance que j'ignorais totalement. Maïl... se mit à chercher dans un almanach impérial parmi les imprimeurs ; et il en choisit deux comme s'il n'y avait pas songé auparavant. L'un était celui qui imprime l'almanach impérial, pauvre diable qui n'est connu dans la librairie que par cette entreprise qu'il exploite, dit-on, fort mal ; l'autre le jeune Fain, jeune homme de mérite, qui commence son état, mais qui est imprimeur et point libraire, et n'aurait su par où s'y prendre dans l'affaire compliquée du Mercure. Comme il insista, mais en nous laissant le choix entre les deux, je me bornai à dire que je le proposerais à mes co-associés. Dès le lendemain il fut vérifié qu'Arthus Bertrand n'était rien moins que ce qu'on avait dit. Il est de Lyon d'une famille connue de De Gérando qui en est aussi, et n'est parent ni de près ni de loin du Bertrand ni du Raton de la police. Voilà comment les petites affaires se mènent ; jugez des grandes. Qui avait mis cela dans la tête du ministre et de son secrétaire, si ce n'étaient les Le Normand, pour écarter ce concurrent et en venir à leur but ? et par qui l'y avaient-ils mis ? Ce but était toujours le même, et ils n'en démordaient pas. Tandis qu'on se débattait sur le choix d'un imprimeur et d'un libraire, ils proposaient d'imprimer provisoirement le premier numéro du nouveau *Mercure*, sans conséquence pour la suite, mais de manière qu'on ne fût obligé de rien faire avec précipitation, pour paraître au commencement d'octobre, comme le ministre l'avait positivement ordonné. Legouvé était fort d'avis de cette proposition. Soit qu'il vît ou ne vît pas le piège, nous qui le voyions très bien nous rejetâmes constamment toute idée de provisoire. Les choses étant éclaircies au sujet d'Arthus Bertrand, il n'y eut plus d'objection contre lui et il fut enfin accepté.

J'ai mis ici de suite tout ce qui regarde cette affaire. On était cependant à la mi-septembre avant que tout fût terminé, les Le Normand revenant toujours à leur proposition du provisoire ; et nous la rejetant toujours. Enfin les registres et toute la boutique furent transportés chez Bertrand, et le premier numéro fut en état de *P.* 68. paraître au terme fixé. Le partage des douzièmes d'intérêt était fait avantageusement pour nous, puisque nous en avions quatre et l'ancien *Mercure* seulement trois ; Le Normand un et Chateaubriand deux. Les nôtres étaient également répartis entre Amaury Duval, Say, Le Breton et moi. J'avais fait tout ce j'avais pu pour obtenir un douzième de plus pour notre bailleur de fonds, dont nous reconnaissions toujours les droits. N'y ayant pas réussi, je proposai à mes co-associés de l'admettre pour un cinquième au partage des bénéfices, s'il pouvait y en avoir ; de sorte qu'à chaque partage qui s'en ferait, nos quatre douzièmes seraient de nouveau divisés en cinq parts, et qu'il en aurait une, ce qui fut réglé ainsi. Le gouvernement se réserva cinq douzièmes. Si on lui demandait de quel droit, il répondrait nommer *quia Leo.* Il en a depuis donné deux à Esmenard pour son *Triomphe de Trajan.*

Les belles promesses qui m'avaient été faites s'en allèrent en brouet comme je l'avais prévu. Fouché dit quelque temps après à Garat qu'il avait demandé pour moi une pension à l'Empereur qui était alors à Fontainebleau, que l'Empereur l'avait reçu fort mal, et lui avait répondu que j'avais travaillé pour les gouvernements qui l'avaient précédé, que je n'avais qu'à travailler pour le sien, et qu'il verrait. Je sais bien ce qu'il entendait par ces derniers mots, mais le fait est que je n'ai jamais travaillé pour aucun gouvernement. J'ai eu des places, où j'aurais pu faire ma fortune ; je suis bien loin de regretter de ne l'avoir pas faite. Je les ai remplies en honnête homme et en bon citoyen, sans que j'en aie jamais demandé aucune. J'ai servi mon pays, et par mes écrits peut-être la cause de la liberté ; il n'y avait rien là pour les gouvernements. L'Empereur est bien le maître de m'accorder ou de me refuser ce qu'il voudra. Il n'a qu'à me donner une place que je puisse honnêtement accepter, je ferai *sous* son gouvernement, mais non *pour* son gouvernement, ce que j'ai fait sous et non pour les autres.

Tout en est resté là. Le traitement fixe est allé avec la pension. Je demandais trois mille francs, ce qui, joint à environ autant que je pouvais gagner par mes articles, m'aurait encore suffi. Garat qui porta cette demande au ministre eut pour réponse que l'Empereur ne le voulait pas. Cela n'avait pas de sens, car assurément Fouché était bien le maître de donner en traitement fixe ou autrement ce qu'il voudrait aux rédacteurs du Mercure. Mais ce bon Garat n'alla pas plus loin et me redit cela comme la chose du monde la plus claire et la plus naturelle. Je n'insistai point et n'ai plus rien demandé. Les parts du *Mercure* ne produisent et ne produiront peut-être jamais rien, pour la raison que j'avais prédite dès le premier moment. Les anciens souscripteurs de la *Revue* ne voudront point de ce journal métis; les anciens souscripteurs du Mercure n'aimeront point ce reste d'esprit d'indépendance qui survivra à la *Revue* dans ses anciens rédacteurs, et le *Mercure* sans couleur n'aura plus rien d'assez piquant pour attirer des souscriptions nouvelles. J'ai donc en tout le paiement de mes articles et nous verrons bientôt comment et pourquoi ils me valent peu.

P. 38. SEPTEMBRE. — Un goût tout nouveau, ce qui est fort heureux à mon âge, et le travail agréable que ce goût me procura vinrent très à propos me distraire et me dédommager de tous ces désagréments. Le plaisir que j'avais trouvé à faire ma fable des *Deux rats* et le petit succès qu'elle avait eu me conduisirent naturellement à en faire

P. 43. d'autres. Je commençai par en imiter quelques unes de *Pignotti*. La première fut celle qu'il a intitulée il *Leone, l'orso, il cane*. J'en fis un petit poème de deux cent trente vers sous le titre *L'incognito du roi Lion, épisode ajouté au poème des animaux parlants de Casti*. Je fis dans le prologue un éloge de ce poète ingénieux. Du reste, mon imitation fut très libre; et comme je travaillais uniquement pour mon plaisir, je la semai de traits qui en rendront toujours

P. 49. la publication impossible. Je tirai ensuite du même fabuliste trois fables, *La citrouille, Le cheval et le bœuf, La rose, le jasmin et le chêne*. La première est courte et vive, les deux autres ont plus de cent vers chacune. La facilité que je trouvais dans ce travail me séduisit : le plaisir qu'il me procurait me consola. Je réunis ce que j'avais de fabulistes italiens. J'en choisis trois outre Pignotti, savoir *Bertola, Gherardo de Rossi*, et *Roberti* et je marquai celles de leurs fables qui me parurent les plus propres à réussir dans notre langue.

Avant la fin de ce mois, j'en eus imité six de *Bertola*: *Le lion et le* P. 41.
lapin, *Le lézard et le crocodile*, petite fable condamnée au secret
pour les mêmes raisons que l'*Incognito du lion*, et peut être plus
encore; *Le lion et la grenouille*, qui pourrait bien aussi exiger la
même précaution; *La conversation des oiseaux*, *Les oiseaux et les
poissons*, *La toilette et le livre*, petit dialogue satirique que je
retrancherai de mon recueil mais pour d'autres motifs. L'idée d'un
tel dialogue n'est pas de bon goût, et l'exécution de cette idée pour- P. 80.
rait donner des armes aux ennemis de la philosophie et de l'instruc-
tion des femmes. Je fis donc ces dix fables dans un mois, quoiqu'il y
en ait de fort longues, et que même la première soit plutôt un petit
poème qu'une fable. Il est vrai que je ne fis pas autre chose excepté
cependant un extrait des deux premiers volumes du *Voyage* de
Millin *dans les départements du midi*; mais ce fut pour moi la
source d'un nouveau *désappointement*.

Octobre. — J'avais envoyé cet extrait de la campagne pour le P. 69.
premier numéro d'octobre. On mettait, ou l'on me disait mettre
beaucoup d'importance à ce que mon nom parût dès le début. Cependant l'extrait ne passa point dans le premier. Je demandai si ce
serait dans le second; la réponse fut ambiguë; je sus enfin que
notre censeur n'avait pas osé prendre sur lui de l'insérer à cause
des hardiesses que je m'y étais permises, et qu'il avait cru devoir
soumettre au ministre. C'était assurément dans tous les cas une
gaucherie énorme. J'avais pris peut-être un peu trop au pied de la
lettre ce que l'on m'avait dit de l'approbation qu'on donnait aux
principes et à l'esprit de la *Revue*, et du désir que l'on avait que cet
esprit fût le même dans le *Mercure*; je m'étais permis de citer quelques
traits du *Voyage* sur des momeries religieuses, sur des processions
ridicules qu'on a fait renaître dans le midi et sur d'autres objets de
cette espèce : mais enfin ces momeries et ces fêtes ne sont pas la
religion et ce que j'avais dit là-dessus aurait passé doux comme
lait dans la *Revue*. Amaury Duval fort embarrassé de tout cela me
renvoya le vingt octobre mon malheureux extrait outrageusement
bâtonné, peut-être sous la dictée du ministre, mais de la main de
Maillocheau, qui y avait joint une lettre curieuse adressée au censeur. La lettre de Duval l'était aussi dans son genre. « Voici bien
votre extrait, m'écrivit-il, mon cher concitoyen, mais *quantum muta-
tus ab illo!* Vous ne le reconnaîtrez plus. La lettre de M. Maillocheau qui l'accompagne vous dira quelles sont les intentions du
gouvernement dans ce qui concerne la rédaction du *Mercure*. Legouvé
lui-même est étonné que les coupures soient si nombreuses. A pré-

sent quel parti prendrez-vous? Je désire, sans oser l'espérer, que vous ne soyez que peu sensible à ce qui vous arrive, et que vous nous donniez quelques articles qu'il soit inutile de porter à la censure. Votre nom peut contribuer au succès de l'entreprise; il est même important, selon moi, pour la cause de la philosophie, qu'il y paraisse quelquefois. On nous croira tous évincés si l'on ne voit pas dans le *Mercure* le nom du principal auteur de la *Revue*. Enfin je vous le dis confidentiellement, je crois entrevoir que le ministre de la police attend de vous un article *signé*, pour faire valoir tous les titres que vous avez à des récompenses. Ce que je sais, c'est qu'il est furieux contre les Chateaubriand et quelques autres du parti qui ont refusé de coopérer à l'entreprise, et que dans ce moment ils cherchent à vendre leurs parts. — Legouvé m'a paru agir franchement dans toute cette affaire. Si vous avez donc quelque ressentiment, ce n'est pas lui qui doit en être l'objet. Je l'ai vu véritablement très chagrin de la rigueur de la censure ministérielle. Adieu, cher concitoyen; écrivez-moi quand vous viendrez, et si je puis compter sur quelque article de votre façon. »

La lettre de Maill... à Legouvé était ainsi conçue: « Paris, 19 octobre 1807. J'ai l'honneur de vous renvoyer l'article que vous aviez communiqué au ministre. Son Excellence en a fait retrancher ce qui regarde la religion. Votre journal doit annoncer le plus grand respect pour tous les établissements reconnus par le gouvernement. J'ai l'honneur de vous saluer. » Il faudrait voir maintenant ce que c'était que ces passages relatifs à la religion, que l'on avait scrupuleusement retranchés. C'était un petit détail sur d'anciens diptyques représentant des objets d'antiquité et des traits de la mythologie, et gardés dans les trésors de plusieurs de nos églises comme des monuments relatifs à la religion et à ses mystères; détails purement historiques et tirés du livre de Millin. C'était entre autres ce qui regarde un diptyque conservé dans la bibliothèque de Sens qui contient l'*office des fous* et la *prose de l'âne*, et sur lequel est gravé le triomphe de Bacchus. C'était un détail assez étendu sur l'histoire du monument élevé au marquis d'Argens par Frédéric II, et qui après diverses aventures monacales et révolutionnaires se trouve maintenant à la municipalité d'Aix, détail que Millin m'avait indiqué lui-même comme pouvant être cité sans aucun inconvénient. C'était enfin une description très abrégée mais trop vraie des scandaleuses processions de la Fête-Dieu dans cette ville d'Aix, qu'on y a rétablies depuis peu de temps. Je finissais, il est vrai, par cette réflexion : « Au reste, ce n'est point la philosophie qui doit s'en indigner le plus. Ces absurdes institutions entrent à ses yeux dans la nombreuse catégorie des folies dégradantes et des maladies honteuses auxquelles la malheureuse raison humaine a été de tous temps sujette. Mais comment peuvent-elles s'allier avec le rétablissement de l'ordre public ? Comment la religion le souffre-t-elle? Voilà sans doute ce qui est en droit d'étonner la philosophie et ce qu'elle ne pourra jamais comprendre. »

En écrivant cela, j'ignorais complètement que c'était la princesse Borghese qui en passant à Aix avait fait rétablir cette procession et donné douze mille francs pour racheter les masques, les habits, et tous les instruments nécessaires à cette vieille farce du Roi René. N'aimant pas plus qu'un autre à me faire gratuitement de mauvaises affaires, si j'avais su cette circonstance, je n'aurais rien mis de tout cela. Legouvé qui la savait n'osa laisser passer ce trait à la censure, et il eut raison ; mais au lieu de m'en parler à moi, il imagina d'en référer, comme on dit, au ministre. Il me compromit et se compromit lui-même, pour ne savoir pas prendre son parti. C'est sa plus grande maladie, et sans l'avoir beaucoup vu de près, je lui en crois d'autres. Maillocheau eut mission d'instrumenter et il s'en acquitta en conscience. Je fus sensible à cette brutalité censoriale, mais pas plus que je ne devais l'être ; je répondis à Amaury Duval avec plus de fierté que d'humeur ; et pour oublier toutes ces tracasseries, je me remis à faire des fables.

J'en fis de suite et presque d'une haleine treize pendant ce mois P. 39. d'octobre, la plupart cependant assez longues et quelques-unes ayant plus de cent vers. L'instrument était monté : je travaillais avec une facilité extrême ; ou plutôt je ne travaillais point. J'étais véritablement dans l'illusion des objets et n'avais aucune peine à les rendre. En me promenant, en rêvant, quelquefois presqu'en sommeillant, mes vers s'arrangeaient comme d'eux-mêmes. J'allais quelquefois à Paris par nos petites voitures. Je préparais un sujet avant d'y monter, et quelquefois, au milieu de cinq ou six voyageurs et voyageuses qui caquetaient entre eux, j'allais mon train ; et il m'est arrivé plus d'une fois de descendre, ma fable faite. Je fis donc dans ce mois *Le bon serpent*, *La tigre et le chien devenus vieux*, *Le vieux rossignol*, *L'oiseau à la mode*, *L'enfant et le petit oiseau*, P. 41. *Le cheval et l'âne*, *Les raisins de Zeuxis*, *Les oiseaux et les spectateurs*, *L'horloge et la montre*, *La sensitive et la violette*, *Le vieux pêcher*, *La grenouille et les oiseaux*, *Les singes et les noix*, *Les abeilles et le villageois*. Cette dernière fut faite la nuit à Fontenay où j'allai voir Mme H[elvétius] à la fin du mois ; et le lende- P. 30.

main matin en revenant à Paris seul dans une petite voiture, je fis le prologue de mon recueil :

> Combien de fois, en répétant
> De Jean les vers inimitables, etc.

Il était en huit strophes de quatre vers ; j'en ai ajouté trois depuis ; du reste, je n'y ai rien changé. En arrivant à Paris, je montai chez Amaury Duval, à qui j'avais à parler ; je commençai par lui demander un chiffon de papier et une plume pour écrire ces quatrains, craignant que notre conversation ne les effaçât de ma mémoire. Je les lui lus, et quand il sut de quelle manière ils venaient d'être faits, par politesse ou autrement, il en parut très étonné. Je viens de dire *mon recueil*, et ce fut seulement alors que je songeai à en faire un. Ce n'est rien qu'une dizaine de fables ; mais quand au bout d'un second mois on se trouve en avoir fait vingt-quatre, que vu la longueur d'un assez grand nombre, on peut croire qu'une cinquantaine suffiraient pour faire un petit volume, il est difficile de ne pas commencer à dire *mon recueil*. Cette idée me vint alors pour la première fois, et ce fut elle qui me dicta mon prologue en revenant de Fontenay-aux-Roses.

NOVEMBRE. En revenant à Saint-Prix, je commençai au milieu de six ou sept bavards et j'avançai beaucoup l'une de mes plus longues fables : *Les Renards et le chien de basse-cour*. Je ne sais où j'allai prendre tout ce que j'y mis de folies, d'allusions, d'imitations. Si la voiture ne s'était arrêtée au gros noyer de Saint-Prix, je ne sais si je ne l'aurais point finie tout entière ; elle a cent quarante-cinq vers. Je n'étais revenu que pour faire mes paquets, mes malles de livres, mes portefeuilles et quitter pour cette année la campagne. J'étais attendu à celle de mon ami Cabanis, à Rueil auprès de Meulan, où j'avais promis d'aller passer quelques jours. Cabanis était malade, et hors d'état de travailler, depuis une fâcheuse attaque de paralysie qui faisait craindre des rechutes. Obligé de vivre de régime, il y mettait surtout son esprit, c'est ce qu'il y a de plus pénible pour quelqu'un qui fait un si grand et si bon usage du sien. Je retournai donc à Paris, sans m'être pour ainsi dire reposé un moment à Saint-Prix, et sans y avoir fait autre chose que finir ma fable des *Renards*. La voiture m'inspira comme à l'ordinaire ; j'y fis en grande partie une fable singulière, dont je pris le sujet dans *Gherardo de Rossi* : c'est celle de *L'ours et des quatre animaux retirés du monde*. Je la finis à Paris la nuit suivante. Elle est bizarre et un peu triste. Pour m'égayer le lendemain matin,

P. 48.

avant d'aller à mes affaires, je fis tout d'un trait *Le lion, le petit chien et le tigre.* Je ne restai qu'un jour à Paris. Le lendemain en partant pour Rueil, j'en avais préparé une plus singulière encore et plus triste, ou si l'on veut plus sévère que la précédente, c'est *L'amitié de l'ours et des loups.* Elle est du même auteur italien, qui n'a mis aucune liaison entre les deux. Cette seconde n'est chez lui que *L'amitié de l'ours et du loup* : l'ours n'est point le même ours que dans la première ; le loup n'est pas non plus un des deux loups qui y font connaissance avec l'ours. J'avais cru voir qu'il serait mieux de lier ensemble ces deux fables et de faire de l'une le complément de l'autre ; mais l'exécution devint très difficile. Pour sentir cette difficulté, il faut avoir lu la fable de De Rossi et la mienne. C'était la première que j'eusse quelque peine à faire. Cependant en allant seul dans une petite voiture de Paris à Saint-Germain, et avec trois voyageurs très bruyants de Saint-Germain à Meulan, j'en fis à peu près les deux tiers. Le reste fut à Rueil l'ouvrage des deux ou trois heures de nuit que je passe ordinairement sans dormir ; mais il me fallut ensuite deux matinées pour débarbouiller ces deux fables et les mettre à peu près à leur point de maturité. Ce seront les deux seules de ce genre. Elles seront nuancée dans le recueil, qui sera en général d'une couleur plus claire et plus enjouée. La première a quatre-vingt douze vers et la seconde cent.

Je trouvai Cabanis mieux que je ne m'y attendais, mangeant de *P.* 30. bon appétit, dormant passablement, chassant tous les jours pendant quelques heures, causant comme à son ordinaire, pourvu que la conversation ne devint pas trop animée, ce que ses amis avaient soin d'éviter, mais ne pouvant écrire même une lettre sans fatigue et sans étourdissements. Sa femme était un ange de vigilance, de patience et de tendresse ; son neveu Georges Montaigu en était un autre. La petite Annette mettait au milieu de ce tableau du mouvement, de la gaîté ; Aminte était à Paris en pension. Mme de Condorcet et Fauriel étaient à *la Maisonnette* près Meulan. Rueil est à une lieue dans les terres ; ils y venaient souvent. Cela formait une société pleine d'intérêt et de charme, dont Cabanis était l'âme tout malade qu'il était. Je fus reçu à bras ouverts, et m'établis là pour six jours comme si c'eût été pour la vie : ils passèrent bien rapidement. Le matin, levé de bonne heure, je travaillais jusqu'au déjeuner : la causerie, la promenade et une ou deux heures de travail remplissaient le reste de la matinée : le soir, on me faisait lire des fables, et elles reçurent des approbations et des encouragements bien faits pour me donner quelque confiance. J'en fis trois à Rueil : *P.* 41.

La fermière et sa fille qui est toute naïve, *Le poisson du lac*, l'une de mes meilleures et que je fis la nuit pour me distraire d'une colique d'estomac assez vive, suite d'un petit acte d'intempérance que je m'étais permis à dîner. Je ne pouvais dormir ; je sentais que les idées noires dont je n'ai que trop souvent le sujet m'allaient gagner. J'avais préparé cette fable ; ses tableaux riaient à mon imagination. J'appelai à mon secours ce lac, ces eaux, cette verdure ; j'y rafraîchis mes pensées ; je donnai le change aux souffrances physiques et je fermai l'accès aux morales. Je dormis paisiblement le matin et me levai gaillard. La troisième fable, moins importante et moins bonne, est *La cigale et les autres insectes*. Elle est dirigée contre l'excessif amour-propre des poëtes et l'importance qu'ils mettent à leurs vers ; ce qui n'est convenable que dans la bouche d'un poëte : la même chose dite en prose serait une impertinence.

Je quittai Rueil avec beaucoup de regret et de tristesse. Je sentis un grand serrement de cœur en embrassant mon cher Cabanis... je l'embrassais pour la dernière fois. J'allai coucher le soir à *la Maisonnette*, pour partir de Meulan le lendemain matin de bonne heure. J'avais une fable commencée ; je la finis la nuit : c'est une espèce de pastorale ou d'églogue, *Le jeune berger et sa sœur*. Et le matin encore, avant de partir, j'en fis une petite de dix ou onze vers, intitulée *Le voleur et le chien*. Mon retour à Paris ne produisit rien. Je revins à Paris avec Mme Vernet, cette généreuse provençale qui s'est immortalisée en donnant pendant plusieurs mois l'hospitalité au malheureux Condorcet. Je l'avais trouvée à la Maisonnette. Mme de Condorcet continue de lui témoigner toute la reconnaissance et tous les égards qu'elle mérite. Elle était avec son triste ¹ qui ne la quitte point. Je la reconduisis chez elle en voiture rue des Fossoyeurs. Je l'ai revue quelquefois depuis avec plaisir. C'est tout le feu, toute la franchise et toute la cordialité provençales.

Je retrouvai chez moi de retour ma femme et tout mon ménage. Je ne fus pendant plusieurs jours occupé que de remettre des livres et des papiers à leur place. Je fis cependant encore trois fables avant la fin de ce mois : *Le pigeon sauvage et la colombe domestique*, *La grenouille voyageuse* (pleine de détails difficiles et que je parvins à rendre à force de travail, mais à tout prendre médiocre d'intention et d'effet, celle peut-être de toutes que j'aime le moins, et qui n'entrera point dans mon recueil si je ne reviens point sur

P. 30.

P. 41.

---

1. Mot laissé en blanc dans le texte.

son compte), enfin *Zéphyre et les autres vents*, qui est au contraire une de mes meilleures. Les fables sont journalières comme les armes.

Décembre. À Rueil, Cabanis m'avait indiqué une fable de Lessing P. 45.
qui n'avait jamais été imitée en français, et qu'il m'annonça comme
l'une de celles dont l'idée était la plus originale et le sens le plus
philosophique ; c'était *Les ânes en ambassade devant Jupiter*. Je
lui avais promis de la chercher dans Lessing dès que je serais à
Paris, et de lui en rendre bon compte. Je lui tins parole, et je lui
envoyai au commencement de ce mois une fable sous le même titre,
arrangée à ma manière et sur laquelle il m'écrivit les choses les plus
encourageantes, en m'exhortant fort à continuer et à publier
promptement mon recueil : mais le brouhaha de Paris, quoique j'en
vive assez éloigné, des affaires et d'autres travaux m'arrêtèrent dans
ma course : je ne fis plus qu'une petite fable douce et morale, en
quatrains, intitulée *la Poule et le Coucou*. Je fermai mon portefeuille, et ma fièvre de fabuliste qui avait duré un peu plus de trois
mois se passa sans que je susse comment, pas plus que je n'avais
su comment elle était venue. Je pris congé des vers, ou plutôt ils
prirent congé de moi. Je ne fis aucun effort pour les retenir, et je
m'occupai de *vile prose*.

Ce que j'avais éprouvé de la part du *Mercure* m'avait tout à fait
dégoûté d'y travailler. Je n'avais pas cependant déclaré positivement que je n'y travaillerais pas. Je ne voulais ni me donner cette
défaveur, ni m'ôter une ressource que ma malheureuse position me
rendait nécessaire. Tout entier au travail qui m'occupait depuis trois P. 73.
mois, je marquai seulement ma coopération au nouveau *Mercure*
par deux fables que j'y fis insérer pour tâter le goût du public,
l'une en octobre et l'autre en novembre : la première est *La rose,
le jasmin et le chêne*, la seconde *Le cheval et l'âne*. En décembre,
je donnai un chapitre de mon Histoire littéraire d'Italie, où je traite
de la tragédie italienne au XVIe siècle. Il fut partagé en deux articles,
qui parurent à quelque distance l'un de l'autre. Mais ce n'étaient
pas là des Extraits, et c'étaient des Extraits qu'on me demandait.
Je repris ce triste travail par la traduction en vers de *L'art d'aimer* d'Ovide, que Saint-Ange venait de publier. Je ne craignais pas
de trouver là rien qui donnât prise aux rigueurs de la censure. Je
fis donc cet article sans trop de peine. J'y suivis, sans blesser ma
conscience littéraire, le système d'indulgence que j'ai toujours eu
avec cet auteur qui prouve mieux que tout autre la différence qu'il
y a entre le talent et l'esprit. Je ne renoncerai à ce système que

quand, laissant à part ses ridicules, on aura rendu justice à son
talent en le nommant membre de l'Académie, où l'on a fait entrer,
depuis qu'il y aspire, tant de gens qui ne le valent pas.

1808.

Janvier. Cet extrait venait de paraître lorsqu'ayant négligé un
bouton qui m'était venu à la jambe gauche, et ayant été obligé de
marcher trois matinées pour des affaires, malgré l'inflammation
qui allait toujours en augmentant, l'enflure devint si forte qu'il me
fallut me mettre au lit. J'avais tardé de me purger malgré les conseils de mon médecin, comme les rhumatismes dont je suis attaqué
depuis l'âge de vingt ans exigent que je le fasse de temps en temps,
quand je me sens menacé. Les humeurs se portèrent avec violence
à la plaie qui se forma bientôt ; elle jeta abondamment, et l'érési-
pèle qui se forma autour prit une grande étendue. Il me vint en
même temps à une main et au haut de la poitrine d'autres boutons
qui s'enflammèrent, aboutirent et jetèrent de même. Enfin cela
devint une maladie, qui me retint tout ce mois-là et la moitié du
mois suivant ; et ce qu'il y eut de plus pénible dans le traitement
que je subis, c'est qu'il me fut défendu de travailler. De mon lit à
mon canapé fut tout mon exercice, et quelques lectures peu appli-
cantes toutes mes occupations.

Février-Mars. Depuis qu'il me fut permis de rentrer dans mon
cabinet je ne fis jusqu'à la fin de février qu'un petit extrait des
poèmes de miss Williams traduits par MM. Boufflers et Esménard ;
c'est-à-dire que je ne fis rien du tout, car il ne vaut pas la peine
P. 73. qu'on en parle. En mars, le *Supplément aux lettres de Voltaire*
que M. Auger publia en deux volumes me fournit matière à un
extrait plus intéressant. On m'avait depuis longtemps demandé celui
des *Œuvres de Racine* avec le *Commentaire* de La Harpe. Ce fut
ce dont je m'occupai ensuite ; mais je voulais commencer par autre
chose. On m'avait donné, l'année précédente, une édition des
Œuvres choisies et posthumes de La Harpe, en cinq volumes in-8,
édition horriblement mal faite et dont je n'avais pas eu le courage
de rendre compte ; j'avais eu encore les deux derniers volumes de
sa *Correspondance russe*, dont j'avais vivement et assez gaiment
critiqué les premiers dans la *Décade* ou la *Revue* ; et cette fin était
si misérable que je l'avais aussi passée sous silence. Le commen-

taire sur Racine était autre chose. Il méritait un examen ; mais je
ne voulus pas le faire sans qu'il fût précédé d'un aperçu des deux
autres publications. Je fis d'abord celui des *Œuvres choisies et
posthumes*, mais il y eut bien des façons à faire avec notre censeur,
avant qu'il fût en état de paraître. C'était un paragraphe, une
phrase, un mot. Pauvre Legouvé ! L'indifférence dont j'étais devenu
sur tout cela fit que j'en passai par où l'on voulut ; mais mon dégoût ne fit qu'augmenter. Cet extrait assez médiocre, et qui si je ne
me trompe n'a rien de l'aisance et de l'enjouement sans aigreur
que l'on trouvait ordinairement dans mes articles de critique, parut
dans le *Mercure* du 19 mars.

Il me vint passagèrement dans ce même mois un petit retour de
mon goût pour les fables. J'en fis de suite deux tirées de *Roberti*,
Le louveteau et les petits chiens, ou *Les femelles des oiseaux en
ambassade devant Jupiter* ; et deux tirées de la traduction de Lok-
mann, que nous a donnée M. Marcel, savoir *Le lion et les deux
taureaux*, et *Le lion et le taureau*. Elles sont liées ensemble dans
mon imitation et annoncées par un préambule commun, quoiqu'elles soient isolées dans l'original et indépendantes l'une de
l'autre. Je les fis toutes les quatre avec ma facilité ordinaire ; mais
ce fut un feu de paille ; et selon ma coutume, que je crois bonne, je
ne fis rien pour le rallumer quand je le sentis s'éteindre. Tout le
monde n'approuverait peut-être pas cette méthode ; mais je m'en
suis toujours passablement trouvé, et je m'y tiens.

ÉTUDE SUR LE JOURNAL DE GINGUENÉ

Voilà comment les petites affaires se
mènent ; jugez des grandes.

(Journal de Ginguené.)

I. — L'HOMME ET L'ÉPOQUE

Le 14 octobre 1806, Napoléon est vainqueur à Iéna ; il entre dans
Berlin à la tête de ses troupes. Le 8 février 1807, il bat à Eylau les
Russes venus au secours des Prussiens ; le 24 mai, Dantzig capi-
tule, et le soixante dix-septième bulletin de la Grande Armée annonce que les Français y pénètrent en triomphateurs ; le 14 juin,
la bataille de Friedland consacre la défaite de la quatrième coali-
tion.

Tant de guerres, et tant de gloire, restent sans effet sur Ginguené.
La politique extérieure et les manifestations qu'elle provoque en
France n'ont pas d'écho dans son *Journal*. L'homme qui, jadis,
s'est jeté ardemment dans la mêlée révolutionnaire, le rédacteur de
la *Feuille villageoise*, le prisonnier que délivre le 9 thermidor,
l'ambassadeur à Turin, ne s'intéresse plus à la vie de son pays, depuis qu'un maître absolu a remplacé le gouvernement libre des
citoyens [1]. Si Napoléon, qui l'a expulsé du Tribunat, ne pardonne
pas à Ginguené son opposition, Ginguené ne pardonne pas à Napoléon le 18 brumaire. La rancune est aussi tenace chez l'un que
chez l'autre ; mais les forces sont disproportionnées. Pour rentrer
en grâce, il faudrait que l'écrivain s'abaissât ; il ne le veut pas. Il

---

1. La notice la plus complète sur la vie et les ouvrages de Ginguené est
celle que Daunou a mise en tête de l'*Histoire littéraire d'Italie*, deuxième édition, t. I, Paris, 1824, in-8.

ne veut pas flatter, comme tout le monde. Cette même année, Esmenard peut bien, par son *Triomphe de Trajan*, tragédie lyrique en
trois actes[1], mériter une pension de six mille francs ; Fontanes peut
bien prononcer un discours dithyrambique, dans la cérémonie que l'on
célèbre pour la translation aux Invalides de l'épée de Frédéric le
Grand : « Jamais une plus noble fête ne fut donnée par la victoire[2]... » ;
Ginguené ne chantera pas la victoire, et ne louera pas Trajan. On ne
lira pas son nom à côté de ceux d'Amalric, Arnault, Baour-Lormian,
Carrion-Nisas, François de Neufchâteau, Denis Lebrun, Pierre Lebrun, Monti, Monvel, Piis, Tissot, et tous les autres, dans la *Cou-*
ronne poétique de Napoléon le Grand, empereur des Français, roi
d'Italie, et protecteur de la confédération du Rhin, ou Choix de
poésies composées en son honneur ; Monumentum aere perennius[3].
Il ferme les yeux, pour ne pas voir les témoignages de cette adula-
tion universelle, qui s'étalent chez les libraires, remplissent les
journaux, envahissent le théâtre, s'insinuent jusque dans les concerts et dans les bals : « Salle des redoutes et concerts, rue Gre-
nelle-Saint-Honoré. Aujourd'hui, redoute et bal masqué. Sérénades
dans les intermèdes. A dix heures, concert d'harmonie, dans lequel
il sera exécuté la bataille d'Iéna. Au bruit des canons et des fusil-
lades imité par la physique, un rayon de lumière traverse rapidement les airs, et va frapper un nuage transparent qui s'enflamme
et présente en caractères de feu ces mots : « Vive l'Empereur[4]... »
    Ginguené n'appartient pas non plus à la grande littérature d'op-
position : ni au groupe de Chateaubriand, parce qu'il le déteste, et
que toutes ses convictions, politiques, religieuses, philosophiques,
l'en séparent ; ni au groupe de Mme de Staël, qui l'étonne par ses
paradoxes, et l'effraie par ses allures. A engager ouvertement la
lutte contre Napoléon, il risquerait l'exil. Or, l'exil n'est guère sup-
portable que pour les gens riches, qui trouvent dans leur fortune
le moyen d'en adoucir l'amertume ; il n'est guère glorieux que pour
les auteurs très connus, auxquels il confère l'auréole de la persécu-
tion. Pour les talents moyens, et pour les bourses légères, il est
néfaste. Mieux vaut ne pas provoquer les mesures de rigueur, quand
on est sûr de succomber dans une lutte inégale. A quoi bon crier ?
Tout de suite, on étoufferait sa voix.
    Il se replie donc sur lui-même. Condamné à ne plus se mêler à la

1. Musique de Persuis et Lesueur, Paris, 1807, in-8.
2. *Moniteur*, 18 mai 1807. — 3. Paris, 1807, in-8.
4. *Moniteur*, 4 janvier 1807.

vie du dehors, il regarde passer sa propre existence. Il éprouve le
besoin d'analyser sa propre activité, pour être bien sûr qu'il l'exerce ;
il en désire un témoignage matériel, et comme une preuve écrite :
son *Journal*. Ce n'est point une œuvre destinée à la publicité : elle
n'est pas composée ; elle est sans art ; elle contient des négligences
et des répétitions, qui n'échappent pas à l'œil perspicace d'un auteur habitué à se relire, et que cependant il ne corrige pas. On ne
corrige pas les termes d'une confidence qu'on se fait à soi-même.
La succession chronologique des événements est la seule loi qu'il
observe. Ces événements même présentent un caractère très parti-
culier, dû aux circonstances dans lesquelles il se trouve : ils se rapportent tous à sa vie littéraire. L'homme ne semble atteint que
dans la mesure où l'écrivain l'est d'abord. La préparation d'un cours,
la lecture d'une pièce de vers, les péripéties d'une querelle de poètes, sont les seuls faits qu'il consigne ; la joie ou la souffrance qu'il
éprouve pour une fable qu'on applaudit ou pour un article qu'on
censure, sont les seuls sentiments qu'il laisse transparaître. Ce sont
les impressions d'un auteur auquel on a défendu de sortir de son
métier. Il en sortait volontiers autrefois. Échappant à la manie littéraire, qui a condamné tant de ses contemporains à la froideur et
à l'artifice, il s'est mêlé à l'action au moment où il était à
la fois le plus dangereux et le plus beau de l'exercer. Il en a gardé
le goût ; il n'a pas quitté volontairement la politique : on l'en a
chassé. Maintenant, sa seule façon d'agir, c'est d'écrire : voilà pourquoi il attache tant d'importance au détail de sa production intel-
lectuelle. Voilà pourquoi, en même temps, le ton de son récit varie
d'une page à l'autre : de la bonhomie, voire de la candeur, lorsqu'il reste en tête-à-tête avec lui-même, et qu'aucun souvenir fâ-
cheux ne vient le troubler ; de l'esprit : il a la vue perçante quand
il s'agit de distinguer les défauts d'autrui, et se complaît à les signaler avec humour. Arrive le souvenir des injustices qu'il a subies,
ou la menace des vilenies qu'on lui fait subir encore : il songe à ce
que son existence contient de mélancolies et de tristesses accumu-
lées ; le dégoût le prend, et transforme en plainte ou en réquisi-
toire le récit paisible des faits.

Sage parce qu'il est obligé de l'être, Ginguené s'applique à être
sage tant qu'il peut. Puisque la grande joie de vivre librement, en
communion d'idées avec ses contemporains, lui est refusée, il cher-
che à saisir au passage de petites joies, qu'il savoure, et qui, s'u-
nissant l'une à l'autre, lui permettent de passer des jours dignes
encore d'être vécus. Il s'efforce de se construire un bonheur relatif,

tel que le xviiie siècle le concevait, et tel que la philosophie le présente à ceux qui sont désabusés. Il la connaît bien, pour l'avoir toujours admirée et défendue ; il n'ignore aucun des conseils qu'elle donne : le moment est venu de les mettre en pratique. Le meilleur, pour se défendre d'une tristesse obsédante, est d'appliquer son esprit à des objets divers. En retrouvant dans ses papiers les vieux airs qu'il a composés autrefois[1], Ginguené retourne de quarante ans en arrière. C'était le temps où il mettait en romances les vers de Dorat, afin de plaire aux belles dames de Rennes. Puis il arrivait à Paris, avec beaucoup d'espoir et peu d'argent, doué aussi bien pour la musique que pour la poésie ; qui sait si la fortune ne lui eût point souri davantage, s'il avait abandonné la poésie pour la musique[2] ? Puis encore, la fameuse querelle qui partagea la ville et la cour, en faveur de Piccini, ou en faveur de Gluck. Il avait pris résolument parti pour le maître italien, qui l'avait récompensé en l'admettant dans sa confidence. A l'évocation de ces souvenirs, ses fantaisies musicales le reprennent : et il est tout heureux de constater que ce qu'il vient d'écrire ressemble à un air de *Didon*. Car il fut le premier à entendre ce chef-d'œuvre, en 1777. La reine avait imposé le même sujet à Sacchini et à Piccini ; Piccini se retira pendant dix-sept jours à la campagne, et revint avec la partition tout entière : il la joua, en pleurant, devant Ginguené, qui pleurait[3]. Ouvrir son forte-piano, retrouver un air favori, corriger des brouillons anciens, chercher des inspirations nouvelles, enrichir le trésor des compositions soigneusement gardées qui peu à peu s'accroît ; n'est-ce point le fait d'un sage, ami des Muses[4] ? Voici une autre occupation pour l'esprit ; et, pour une sensibilité un peu aigrie, une autre occasion de s'adoucir. Ginguené a tendrement, galamment, fidèlement aimé sa Nancy : il l'aime encore,

1. Nous n'avons pas pu retrouver les compositions musicales dont parle le *Journal*.

2. Ginguené a recopié de sa main deux pièces qui furent jouées en 1783 sur un théâtre de société : *Les confidences à la mode*, dont la musique était de lui ; et *Le petit souper, ou l'abbé qui veut parvenir*, dont la musique était de Dalayrac. Sur la seconde, il écrit : « La musique est de Dalayrac ; c'était son début ; il était fort jeune ; il partit de là pour s'élancer dans la carrière qu'il a remplie avec succès. Je cherchai à m'en ouvrir une autre ; il fit peut-être mieux que moi » (Bibl. Nat., FF. NA. Collection Ginguené, 9214. Musique).

3. *Notice sur la Vie et les Ouvrages de Nicolas Piccini, par P.-L. Ginguené, de l'Institut national des Sciences et Arts*, Paris, an IX, in-8, p. 64 et suiv.

4. En 1813, Ginguené reprendra sa collaboration au Dictionnaire de musique, dont la publication avait été interrompue depuis 1791 (*Encyclopédie méthodique, ou par ordre de matières. Musique*, tome I, Paris, 1791, in-4 ; tome II, *Ibid.*, 1818, in-4).

comme au premier jour[1]. Mais aucun enfant n'est venu égayer leur ménage ; et dans leur grande bonté, ils ont recueilli un petit orphelin anglais, qu'ils chérissent comme leur propre fils. Il s'appelle James Parry. Diderot aurait bien décrit une scène dans le genre de celle que le *Journal* nous raconte, peinte par Greuze. On aurait vu un intérieur modeste, mais aimable : le couvert est mis, et au milieu des mets, il y a place pour un vase de fleurs. Tandis que dans le fond, Mme Ginguené joint les mains en signe d'admiration, on remarque au premier plan le petit James, dont la physionomie exprime la surprise et l'attendrissement. On ne distingue pas le visage de Ginguené, parce qu'il tient son papier devant ses yeux. Mais on devine bien qu'il veut cacher ses larmes. Ces effusions familiales se reproduisent assez souvent. Notre poète lit une pièce de vers « à son cher petit James », en lui faisant cadeau d'une montre ; il lui en lit une autre, le jour où il atteint sa quinzième année[2]. Le compliment du 9 juin 1807 n'est pas sans intérêt. Huit ans ! dit Ginguené ; c'est l'âge heureux, où les passions sont encore inconnues. James est toute pureté et toute vertu. En sera-t-il toujours de même ? Les erreurs des sens et de la raison ne l'abuseront-elles pas un jour ? Ne sera-t-il pas la victime des préjugés ? Non point, si son éducation le prémunit contre les dangers qui l'attendent :

> Pour être homme, sois toujours libre :
> Sois toujours bon pour être heureux.

La poésie du bon Ginguené s'évertue à être familière ; mais elle n'y réussit pas tout à fait. Elle insère, dans son style noble et guindé, une expression puérile, un tour simple et naturel, qui semblent lui faire peur : vite, elle retourne aux beautés de convention. Le sentiment est supérieur à la forme :

> Que j'aime la gaîté naïve,
> Sans effort, sans fin, sans sujet,
> Tes questions sur chaque objet,
> Ta petite mine attentive
> Aux réponses que l'on te fait,
> Ton air si plaisamment distrait

---

1. On connaît l'épitaphe de Ginguené, composée par lui-même :
> Celui dont la cendre est ici
> Ne sut, dans le cours de sa vie,
> Qu'aimer ses amis, sa patrie,
> Les arts, l'étude, et sa Nancy.

2. Ces poésies ont été insérées dans les *Fables inédites et Poésies diverses* de Ginguené, Paris, 1814, in-12.

P. 3.

> Quand l'explication arrive !
> Quand tu souris à ton ami,
> Quand tu m'appelles ton *Mimi*,
> Par les enfantines tendresses,
> Par les baisers et les caresses,
> Le vol du temps est ralenti,
> Le noir chagrin est adouci... ».

P. 3. Un autre remède au « noir chagrin », c'est le travail. Par là aussi, Ginguené se rattache au XVIIIe siècle : il est possédé de ce même désir de savoir qui a fait d'un d'Alembert, d'un Diderot, d'un Voltaire, les esprits les plus laborieux qu'on ait jamais connus. Son érudition embrasse toutes les matières, comme l'*Encyclopédie*. C'est à la littérature italienne qu'il s'est arrêté maintenant. Il a parlé pour la première fois devant les auditeurs de l'Athénée[2] pendant l'hiver de 1802 et les premiers mois de 1803 ; il s'est interrompu en 1804, et a repris son cours en 1805 et en 1806[3]. Il n'a pas craint d'aborder la période confuse des origines : labeur énorme, à un moment où la France ignore tout sur ce sujet. L'époque à laquelle il est arrivé, dans la suite de ses leçons, est moins ingrate : mais sa méthode ne change pas : il veut pénétrer dans tous les détails ; lire tous les textes, les bons, les médiocres, et même les pires ; posséder à fond la biographie de chaque auteur ; suivre tous les genres depuis les monuments grossiers de leur première existence, jusqu'à leur décadence et à leur mort ; donner enfin de la littérature italienne un tableau aussi complet qu'il était humainement possible de le faire alors. *Duram provinciam cepi*, écrit-il un jour à un ami, à propos du travail qui l'écrase[4]. Et une autre fois : « J'ai la tête grosse comme un boisseau de ma leçon d'aujourd'hui qui n'est pas faite[5]... » Sa conscience lui interdisait les développements faciles, qui permettent de gagner du temps ; ses auditeurs étaient sûrs de recevoir chaque fois de lui des enseignements solides et substantiels. A ce système, le professeur s'épuise vite ; à peine a-t-il terminé son cours, qu'il doit songer au cours suivant ; il n'a pas le temps de se reposer ; il n'est plus libre de s'arrêter ou

---

1. Insérée d'abord dans la *Décade* (t. LIII, 21 juin 1807, p. 568 : A mon cher petit James, le jour de sa naissance, 9 juin 1807).

2. *De l'établissement connu sous le nom de Lycée, d'Athénée, et de quelques établissements analogues*, par Ch. Dejob. Paris, 1889, in-8 (Extrait de la *Revue internationale de l'Enseignement* du 15 juillet 1889).

3. *Histoire de la Litt. italienne*, t. I, Paris, 1811, in-8.

4. Lettre inédite à Amaury Duval, du 26 vendémiaire (sans indication d'année). Appartient à la famille Mazerat.

5. Lettre inédite à Am. D. (sans indication de date), même provenance.

de continuer; il n'est plus le maître de son propre travail, qu'il a
promis, et qui est attendu. Ne nous étonnons pas, si Ginguené
nous dit ici qu'un tel effort, prolongé pendant cinq mois, altère sa
santé. Ses études sur la tragédie, la comédie, et le drame pastoral,
rempliront un volume entier de son *Histoire de la littérature italienne*; ses études sur le poème didactique et la satire, un demi-
volume encore[1]. L'ouvrier qui s'est chargé d'une aussi lourde tâche
a le droit de se dire fatigué.

Un des traits les plus accentués, encore, de cette psychologie,
est l'amour de la nature. Cette fois, ce n'est plus Voltaire : c'est
l'influence de Rousseau que nous retrouvons. Pour avoir chéri
Rousseau, pour l'avoir exalté au moment de sa gloire[2], pour l'avoir
vaillamment défendu dans la *Décade*, au moment où la réaction
l'attaquait, pour s'être nourri de sa pensée, Ginguené a toujours
gardé, en pédagogie, quelque chose de l'*Émile*; en politique, quelque chose du *Contrat social*; et beaucoup de la *Nouvelle Héloïse*,
en matière de sentiment. Parmi les noms de lieux que le *Journal*
évoque, apparaissent d'abord ceux auxquels le nom de Rousseau
est resté lié. Ginguené parcourt la forêt de Montmorency à pied,   *P. 6.*
comme jadis son maître; peut-être se laisse-t-il égarer dans les
mêmes sentiers, et s'assied-il sous les mêmes chênes. Bien plus! il
se rend à l'Hermitage, recommençant le pèlerinage qu'ont fait tant
de fidèles et tant de disciples; il entre dans la maison qui abrita le
philosophe; son imagination et son cœur peuvent lui donner l'illusion qu'il va le rencontrer. Les autres campagnes qu'il parcourt,
pour émouvoir moins vivement sa sensibilité, ne sont pas moins
séduisantes par leur pittoresque aimable et souriant; elles n'ont rien
d'âpre ni de rude; aux hommes de sa génération, qui ne cherchent
pas encore des sensations compliquées dans des paysages rares, elles
plaisent par leur amabilité paisible; leurs noms même ont des consonnances harmonieuses : Meulan, Rueil, Saint-Germain, Fontenay-
aux-Roses. Ajoutons que ce décor charmant est animé. Ginguené
ne s'y promène pas sans but; il est toujours sûr de rencontrer un
ami au bout du chemin. A l'Hermitage, c'est Grétry, qui termine
ses jours dans la retraite après une carrière remplie d'apothéoses.
Il ne compose plus; mais il parle volontiers musique et art, il invite

1. *Histoire de la Litt. italienne*, tome VI, 1813; tome IX, 1819. Les trois premiers chapitres (*Du poème didactique au seizième siècle, De la Satire italienne au
seizième siècle, Suite de la Satire italienne*) sont encore de Ginguené, le reste est
de Salfi.

2. *Lettres sur les confessions de J.-J. Rousseau*, Paris, 1791, in-8.

les auteurs d'hier à se rencontrer chez lui avec les auteurs de
demain; vivre avec les jeunes, c'est encore une façon de ne pas
vieillir[1]. Rueil abrite Cabanis et sa famille[2] : sa femme, sœur de
Mme de Condorcet; sa fille aînée, la petite Annette, âgée de huit
ans; son neveu, Georges Montaigu, qui sera médecin, lui aussi, et
prend ses grades à l'Université de Paris. Mais la joie que Ginguené
éprouve à se trouver au milieu d'êtres chers est troublée par le
pressentiment de la mort. Cabanis, touché déjà par la paralysie,
attend sa fin avec la sérénité des sages antiques. De tous les Idéologues, c'est l'esprit le plus ouvert peut-être, la raison la plus vigou-
reuse, la volonté la plus active[3]. Ginguené se sent le cœur serré,
en pensant qu'il l'embrasse pour la dernière fois : c'est un peu de
sa propre vie qui s'en va. Dans ces beaux paysages, l'âme de l'idéologie semble s'être dispersée : à Fontenay, Mme Helvétius, l'ancienne Notre-Dame d'Auteuil, ainsi que l'appelaient ses amis; à
Meulan, Mme de Condorcet, qui recommence avec Fauriel une
nouvelle vie. Joie mélancolique, que celle de retrouver ainsi des
amis autrefois inséparables, de passer avec eux des heures trop
rapides, et de quitter leur solitude pour reprendre le cours d'une
destinée encore plus pénible que la leur! Hier encore, leur groupe,
leur parti, pour mieux dire, dominait dans les assemblées, occupait
le pouvoir, tenait dans ses mains les destinées de la France : la
philosophie semblait arrivée au moment de son triomphe. Aujour-
d'hui, elle est vaincue; on ne veut pas qu'elle agisse; on ne lui
permet même plus de parler librement. Tout, au cours de ces visites,
prend une signification; même les rencontres banales que l'on peut
faire dans les petites voitures : comme celle de Mme Vernet, dont
la vue rappelle à Ginguené les pires jours de la Terreur. Il revit
ces moments terribles : Condorcet décrété d'accusation, obligé de
quitter précipitamment sa maison d'Auteuil, et de chercher un refuge
dans Paris; et la modeste tenancière d'une maison meublée l'accueil-
lant chez elle au mépris de la mort, en disant : « Il est vertueux et
proscrit, qu'il vienne! » Condorcet ne quitta sa demeure, le 25 mars
1794, que pour aller chercher la mort[4].

1. M. Brenet, *Grétry, sa vie et ses œuvres*, Paris, 1884, in-8, p. 241 et s.
2. A. Guillois, *Le Salon de Madame Helvétius, Cabanis et les Idéologues*, Paris,
1894, in-16. *La marquise de Condorcet, sa famille, son salon, ses amis*, Paris,
1897, in-8.
3. Voir C. Picavet, *Les Idéologues*, Paris, 1891, in-8.
4. L. Cahen, *Condorcet et la Révolution française*, Paris, 1904, in-8. P. 523 et
suiv. Mme Vernet, dit Ginguené, était avec son triste   , qui ne la
quitte pas. Le nom est laissé en blanc dans le *Journal*. S'agit-il de celui que

Les limites des voyages de Ginguené ne s'étendent jamais loin ;
ses expéditions les plus longues ne le mènent pas au delà des environs de Paris. Mais son centre n'est pas la grande ville. Il ne l'ha-
bite que lorsqu'il y est forcé, en hiver. Aussitôt que le printemps
arrive, il ne veut plus y rester : vite, il emballe la provision de livres
qui lui est nécessaire, il part, il s'installe dans sa résidence favorite,
à Saint-Prix. Alors il se sent enivré de joie ; le spectacle de la campagne le met « hors de lui[1] » ; son émotion est si vive, qu'il a
besoin de plusieurs jours pour se remettre. Il lui faut courir à travers les champs, voir si le blé commence à pousser, parler aux pay-
sans qui le reconnaissent, respirer à pleins poumons un air plus pur.
Il abandonne même ses travaux littéraires les plus pressants : ce
qui lui cause un remords délicieux. De son cabinet de travail, par la
fenêtre ouverte, il voit la pente de la colline qui descend vers le
fleuve, la vallée de Montmorency, la forêt, tout le paysage familier
dont il fait pour ainsi dire partie : au point qu'il se sent transplanté
quand il le quitte. Souvent, ses amis le trouvent dans son jardin,
au milieu des roses qu'il cultive avec amour, et qu'il greffe lui-
même, en connaisseur. S'il lui arrive d'être maussade et chagrin, à
la ville : il se sent disposé au pardon et à l'oubli des injures, aussitôt qu'il se retrouve parmi les arbres et les fleurs. C'est la vraie vie
qui recommence, la bonne vie naturelle, loin des hypocrites et des
méchants. Une étrangère qui vient voir, quelques années plus tard,
« l'excellent », « le philosophe Ginguené », « sur sa colline », est
frappée d'une sérénité qu'elle ne s'attendait point à trouver : les
champs calment son amertume. « Nous emportâmes », dit lady
Morgan, « des impressions de la sagesse et de la dignité humaines,
qui nous firent concevoir plus d'estime pour l'espèce à laquelle il
appartient[2]... »

Telle est l'époque : toute à la gloire napoléonienne, en cette année
1807, où les aigles victorieuses brillent d'un éclat toujours plus
resplendissant. De même que les ennemis du dehors sont écra-
sés, ainsi les résistances du dedans sont brisées. On n'a le droit de
parler que pour dire : Vive l'Empereur. — Et tel est l'homme :
comme il veut rester fidèle à ses principes, il est suspect ; et comme
il est sensible, il souffre. Il a perdu toutes ses illusions, et celle

Mme Vernet appelle « son bon Sarret »? (Voir Dr Robinet, *Condorcet, sa vie,
son œuvre*, Paris, 1893, in-8. Annexes, p. 369 : Notes biographiques sur Mme de
Condorcet et sur Mme Vernet, par Mme O'Connor.
1. Lettre inédite à Amaury Duval, 26 mai 1807.
2. Lady Morgan, *La France*, Paris et Londres, 1817, 2 vol. in-8. tome II,
p. 262 et suiv.

même qu'on abandonne la dernière : l'espérance d'un bonheur à venir. Les demi-joies qu'il s'efforce de tirer du présent ne le satisfont pas entièrement : il s'efforce de s'en contenter tant bien que mal. Sa vie en acquiert une dignité que ses amis admirent, et qui mérite l'hommage de ses ennemis même[1]. Pour nous, nous le connaissons assez maintenant pour écouter avec sympathie les confidences qu'il va nous faire sur son rôle à l'Institut ; sur la composition de ses *Fables* ; et sur la fin de la *Décade philosophique*.

II. — L'INSTITUT

P. 4.   La troisième classe de l'Institut n'est pas contente.

L'Institut, organisé par un décret de la Convention, en date du 3 brumaire an IV (25 octobre 1795), a été réformé par un décret du gouvernement consulaire, en date du 23 janvier 1803[2]. Il comprenait trois classes : sciences physiques et mathématiques, sciences morales et politiques, littérature et beaux-arts. Il en comprend quatre, sous sa nouvelle forme : sciences physiques et mathématiques, langue et littérature françaises, histoire et littérature ancienne, beaux-arts. C'est fort bien, pour les archéologues ; pour les philosophes, c'est fort mal. En supprimant la place qui leur a été réservée, on a voulu supprimer leur existence officielle. La mesure a été prise contre l'idéologie, qui trouvait dans l'Institut une force permanente et un centre de résistance. On l'a brisée et divisée ; on l'a ramenée ou bien à la littérature, ou bien à l'histoire.

Seulement, il se trouve que la troisième classe, formée d'éléments disparates, est sans éclat, voire même sans vie. Les candidats ne mettent guère d'empressement à solliciter l'honneur d'y entrer ; la chose est trop facile. Elle compte peu d'esprits originaux, de ceux qui font la valeur d'une institution. Les philosophes auxquels elle sert de lieu d'exil ne dissimulent pas leur mépris pour les purs érudits. Même elle a, auprès du public, fâcheuse réputation. On dit que

1. Remarquons que le jugement de Chateaubriand lui-même s'adoucit, lorsqu'il parle de cette époque de la vie de Ginguené : « Il a fini ses jours littérateur distingué comme critique, et, ce qu'il y a de mieux, écrivain indépendant dans la *Décade*... »

2. Voir L.-F. Alfred Maury, *Les académies d'autrefois. L'ancienne académie des Inscriptions et Belles-Lettres*, Paris, 1864, in-8.

ses membres ne font rien d'utile, et qu'ils s'occupent gravement à vider leurs vieux cartons, pour avoir l'air de remplir les séances[1].

Ginguené est le moins content de tous. Ses talents de littérateur étaient dignes d'une autre classe, la seconde. Encore sa nomination a-t-elle eu des aventures singulières. « C'est par erreur, annonça la *Décade* au moment où les désignations furent faites[2], « que le nom du citoyen Ginguené a été omis sur la liste des membres de l'Institut, publiée par d'autres journaux. C'est par une autre erreur que l'on a annoncé depuis dans les mêmes journaux que *le citoyen Ginguené, dont le nom avait été omis dans l'arrêté relatif à l'organisation de l'Institut, remplace David Le Roi à la troisième classe de l'Institut.* Le nom du citoyen Ginguené n'a été omis que dans la copie de l'arrêté du gouvernement sur laquelle les journaux se sont réglés. Les listes originales, et les copies officielles envoyées à l'Institut même, ne contiennent point, dans la troisième classe, le nom de feu David Le Roi ; et celui du citoyen Ginguené y est placé, non pas où les journaux ont mis David Le Roi, mais le huitième, comme il l'est ici, immédiatement après le nom du citoyen Dupont ». Ces explications parurent embarrassées au public : d'autant plus que Ginguené venait le vingt et unième sur la liste que publiait la *Décade,* et non point le huitième. Et cette nouvelle erreur lui fut une nouvelle mortification[3].

Il était, si l'on peut dire, académicien né. Au début de sa carrière, il avait présenté aux suffrages de la docte compagnie qui régissait alors les lettres françaises un poème qui n'avait pas eu l'honneur d'être couronné[4]. En 1788, nouvelle tentative, sans plus de succès : son éloge de Louis XII fut dédaigné, comme l'avait été son poème sur Léopold[5]. Mais ce double effort montre l'importance qu'il attachait aux lauriers officiels. Plus que l'Académie, dont il n'était pas, il chérit l'Institut, dont il fut dès l'origine. L'Académie, après tout, c'est l'ancien régime, c'est Richelieu, c'est l'oppression exer-

---

1. G. Perrot, *L'Académie des Inscriptions et Belles-Lettres.* Dans *l'Institut de France,* par A. Franklin, G. Perrot, Gaston Boissier, Paris, 1907, 2 vol. in-8.

2. *Décade philosophique,* 20 pluviôse an X (10 février 1803), p. 312.

3. Lettre inédite à Amaury Duval, 22 nivôse an X (12 janvier 1802). « Il y a sûrement... un sort jeté sur cette maudite liste de l'Institut. La note ne s'accorde point encore avec elle. Je suis le vingt et unième sur la liste, et la note dit le huitième. Comment cela n'a-t-il pas sauté aux yeux du correcteur ? Cela était si facile à voir et à rectifier... »

4. *Léopold,* poème, Paris, 1787, in-8.

5. *Éloge de Louis XII, père du peuple ; Discours qui a concouru pour le prix de l'Académie française en 1788,* Paris, 1788, in-8.

Paul Hazard.

cée sur les lettres par Louis XIV, un de ses ennemis personnels ;
c'est le triomphe de l'aristocratie. L'Institut, c'est le règne de la liberté, la suppression des privilèges dans l'ordre intellectuel, l'éga-
lité devant le talent, la Révolution. Il est essentiel d'y tenir une
place honorable ; la sienne ne l'est pas. Dans une classe qu'il considère comme inférieure, il joue un rôle qu'il considère comme
effacé.

Voilà ce qu'il ne dit pas, et voilà ce qu'il faut savoir, pour comprendre la petite révolution de palais à laquelle il prend part. Ginguené estime qu'il est urgent, tout d'abord, de remplacer Ameilhon,
qui est chargé du rapport à lire dans la séance publique des quatre
classes assemblées. Certes, « le bonhomme » — il y a dans cette
appellation une nuance de dédain — a rendu des services. Depuis
1766, date de son entrée à l'Académie, il s'est montré le plus fidèle
des collaborateurs. Il a rempli le recueil des *Mémoires* de ses dissertations. Il n'est pas resté sur son *Histoire du commerce et de la navi-
gation des Égyptiens sous le règne des Ptolémées*[1], ainsi que font
tant d'autres membres, qui travaillent pour franchir le seuil sacré,
et se reposent aussitôt qu'ils l'ont franchi. Il a donné, en 1803, ses
Éclaircissements sur l'inscription grecque trouvée à Rosette[2] ; il
continue l'*Histoire du Bas Empire*[3], commencée par Charles Lebeau :
il est en train d'en confectionner le vingt-sixième volume. Mais enfin,
il a fait son temps ; il a soixante-dix-sept ans, ce qui est un âge
avancé, même pour l'Institut[4]. Ginguené, qui en a cinquante-neuf,
peut faire le jeune homme à côté de lui. Et puis, les faits eux-mêmes
prouvent qu'il est ennuyeux. Si on accuse la classe de ne pas travailler, c'est qu'on n'écoute pas son rapporteur. Si on ne l'écoute
pas, c'est qu'il n'est pas capable de se faire écouter. Un homme
qui saurait retenir l'attention des auditeurs ne les verrait pas fuir
par la porte entre-bâillée. Il convient que l'histoire et la littérature
ancienne ne se laissent pas éclipser par la langue et la littérature
françaises. La seconde classe ne fait pas de rapport, parce qu'elle
n'aurait rien à y consigner : et on dédaigne la troisième, qui en fait
un ! Une telle injustice est intolérable. Qu'on nomme donc un écrivain honorablement connu, que la fatigue de lire tous les travaux de
ses confrères n'effraye pas, qui mette en valeur les découvertes et
les idées originales, qui donne à son exposé un tour littéraire, qui

1. Paris, 1766, in-12. — 2. Paris, 1803, in-4.
3. Paris, 1756-1811, 27 vol. in-8.
4. Ameilhon est né à Paris en 1730 ; il meurt en 1811.

mérite enfin l'estime des connaisseurs et l'admiration du public[1].
Toutes les qualités requises, Ginguené les possède suffisamment.
Sans doute, s'il s'agissait d'une nomination officielle, on hésiterait
à prononcer son nom. Personne ne songe à lui pour la présidence,
ou pour la vice-présidence, fonctions qui exigent des esprits bien
pensants, et non point hostiles à la politique du jour. On se garde
bien de lui faire une place dans la commission qui doit présenter à
l'Empereur un rapport sur l'état des lettres et des arts en France[2];
Sa Majesté froncerait le sourcil en le voyant ; et lui-même refuse-
rait, suivant toute vraisemblance, de se rendre chez Sa Majesté.
Mais l'affaire, ici, se passe en famille. Il s'agit d'un rôle pénible, et
qui ne comporte point d'honneurs. Ginguené se présente donc aux
suffrages, et Ginguené est élu.

Quelle émotion ne dut-il pas ressentir, entre la séance du vendredi 3 juillet, et celle du mardi suivant ! Que de peines, pour réduire à la brièveté voulue les développements d'une facilité un peu
verbeuse ! Quelle déconvenue, si, levant les yeux de son manuscrit,
il avait aperçu ses collègues en train de gagner la porte, à pas de
loup, ainsi qu'au temps d'Ameilhon ! Mais il a la joie de constater,
au contraire, qu'on l'écoute non seulement avec politesse, mais
avec intérêt. Sa voix n'a pas été couverte par ces chuchotements
importuns, qui naissent discrets, grossissent, bourdonnent, et
montrent qu'une assemblée oublie son orateur. C'est un beau jour.
Aussi ce premier succès encourage-t-il le nouveau rapporteur à en
souhaiter un second.

Voici, en effet, que la première et la quatrième classe font impri-   *P. 5.*
mer le compte rendu de leurs travaux. La troisième classe, qui se
réveille, et qui est décidément piquée d'émulation, ne restera pas
en arrière. Elle veut l'impression, comme les autres. Déjà, le 16
Janvier, une tentative avait été faite dans ce sens. Le procès-verbal
de l'assemblée l'indique sans citer aucun nom ; ce qui prouve que
l'affaire avait paru importante. Car quand il s'agit de vétilles, on
nomme sans marchander. « Un membre propose que dorénavant la
classe arrête que le compte annuel de ses travaux, qui doit être
rendu, en raison du règlement, dans une séance ordinaire générale

1. Sur l'active collaboration de Ginguené aux travaux de la classe, voir la
notice écrite par Amaury Duval, dans le tome XIV de l'*Histoire littéraire de la
France* ; et la *Notice historique sur la vie et les ouvrages de M. Ginguené*, par
M. Dacier. *Lue dans la séance publique de l'Académie royale des Inscriptions et
Belles-Lettres du 17 juillet 1818*, Paris, 1824, in-4.

2. Ce rapport, élaboré en 1807, est présenté à Napoléon le 20 février 1808.

de l'Institut, soit imprimé suivant l'usage récemment adopté par la
classe des sciences physiques et mathématiques. Après une discussion assez étendue, la proposition est renvoyée à la commission du
règlement, qui est invitée à faire un rapport sur cet objet[1]... »
Proposition renvoyée à la commission du règlement : c'est mauvais
signe. Elle risque d'y séjourner assez longtemps pour qu'on l'oublie. Mais le remplacement d'Ameilhon par Ginguené, et l'accueil
fait au compte rendu transformé, ramène la question à l'ordre du
jour. Il se forme un parti : ceux qui ont été loués ne jugent pas
inopportun qu'on fasse connaître à la postérité leurs mérites avec
leurs noms. Une cabale contraire s'oppose aussitôt aux efforts de la
première : elle comprend ceux que Ginguené n'a pas appréciés à
leur juste valeur, et ceux qui n'ont rien fait. La discussion s'ouvre,
et c'est encore l'avis du rapporteur qui triomphe. Le procès-verbal
enregistre sa seconde victoire avec une discrétion qui prouve qu'elle
fut, cette fois encore, disputée. « Sur la proposition d'un membre,
la classe arrête qu'à l'avenir, à commencer de cette année, le compte
rendu de ses travaux à la séance générale de l'Institut sera imprimé, sauf les réclamations que pourraient faire ceux des membres
qui ne voudraient pas que leur ouvrage fût publié par extrait[2] ».
Ces mêmes procès-verbaux nous apprennent, un peu plus tard, que
cette mesure ne coûta pas moins de 230 fr. 85, pour frais d'impression[3].

Pour ses débuts, Ginguené met ses soins à rester très simple et
très prudent[4]. Un bref exorde, en style officiel, rappelle que confor-
mément à l'article XI du décret du 3 pluviôse an XI, chaque division de l'Institut doit parler de ses travaux devant les sections assemblées, comme au sein d'« une seule et grande famille ». Tout de
suite, il passe à l'analyse des mémoires : ceux de M. Mongez sur les
mots *argilla*, *creta* et *marga* ; sur l'étain des Romains, et sur leur *aes
album* ; sur l'épitaphe de Paternianus ; ceux de M. Petit Radel,
sur les monuments des origines historiques de l'Argolide, et sur
l'origine européenne du fondateur d'Argos ; celui de M. Toulongeon,
sur le régime et la discipline des amphithéâtres romains : et une
foule d'autres du même genre. Il va de la notice d'un atlas hydro-

<hr>

1. *Institut national. Classe d'histoire et de littérature ancienne. Procès-verbaux.
Année 1807* (Bibliothèque de l'Institut).

2. *Ibid.*, séance du 24 juillet 1807. — 3. *Ibid.*, séance du 2 octobre 1807.

4. *Rapport sur les travaux de la classe d'histoire et de littérature ancienne, fait
par M. Ginguené, l'un de ses membres, à l'assemblée générale de l'Institut, le mardi
7 juillet 1807*, Paris, imprimerie impériale, août 1807, 24 pp. in-4 (Bibliothèque
de l'Institut).

graphique, par M. Barbié du Bocage, aux Doutes et Conjectures de
M. Pougens sur la déesse Nelsalennia, révérée en Zélande : le tout
avec une conscience admirable. Il ne peut pas s'empêcher de signaler,
en finissant, que « quelques confrères n'ont pas voulu de cette sorte
de publicité » : mais sa personnalité n'intervient pas autrement. En
1808, au contraire, il se sent plus sûr de la situation. M. de Quatremère est venu à résipiscence, et lui a permis de louer son « étude sur
le combat du trait entre Apelles et Protogenes, rapporté par Pline
le Naturaliste ». Il n'y a plus que M. Larcher qui reste intraitable.
Ginguené profite de son autorité croissante pour bien marquer le
caractère de son rapport[1]. « La classe d'histoire et de littérature ancienne n'ignore pas que la publication de ses Mémoires, suspendue
pendant plusieurs années, a pu donner lieu à des préventions contre
l'activité de ses travaux ; elle ne veut y opposer que le tableau de
ses travaux mêmes. Cette suspension tenait à des circonstances particulières, qui n'avaient rien de commun avec celles des autres
classes. De nouveaux obstacles qui ont succédé aux premiers seront
enfin bientôt levés. Les volumes qui paraîtront successivement
prouveront, et de quelle nature étaient ces obstacles, et que l'activité de la classe ne s'est point ralentie. En m'ordonnant de rendre,
dans sa séance publique, le compte que toutes les classes de l'Institut se doivent mutuellement de leurs travaux, elle n'avait à craindre
que la faiblesse de l'organe qu'elle a choisi ; mais cette faiblesse
même ne peut lui nuire : les choses que j'ai à présenter parlent
d'elles-mêmes, et suffiraient pour détruire ces préventions défavo-
rables, s'il était vrai qu'elles eussent existé. » Ces expressions mo-
destes ne sont pas inutiles : pour rester maître de la position acquise, Ginguené doit témoigner qu'il ne veut éclipser personne. A ce
prix, le bureau chargé de l'examen du rapport et de la censure laisse
passer quelques hardiesses, qui pourraient bien déplaire à l'autorité. Sous prétexte de parler des correspondants de l'Institut, Ginguené entame un éloge de Charles de Villers, et de son *Essai sur
l'esprit et l'influence de la réformation de Luther* ; il célèbre « le
progrès des lumières et de la raison » ; il rappelle l'ancienne classe
des sciences morales et politiques ; il fait entendre que le but d'une

---

1. *Rapport sur les travaux de la classe d'histoire et de littérature ancienne, fait
par M. Ginguené, l'un de ses membres, dans sa séance publique, le 1er juillet
1808*, Paris, imprimerie impériale, juin 1808, 34 pp. in-4. Le rapport se poursuit ainsi, d'année en année, jusqu'en 1814. A partir de cette date, c'est Daunou qui prend la succession de Ginguené. Celui-ci est alors tout près de sa
fin ; il meurt le 20 novembre 1816.

compagnie littéraire ne doit pas être de collationner des textes ou d'exhumer des vases, mais d'étudier et d'enseigner l'histoire de la civilisation humaine, dans sa marche vers la perfection. Jamais il ne s'est montré si habile politique : dans l'archéologie, dans l'épigraphie, dans la paléontologie même, il a trouvé moyen de réintroduire la science qu'on veut chasser, et qu'il défend avec amour : l'idéologie.

III. — LES FABLES

P. 12. Il arrive toujours un moment où ceux qui consacrent leur vie aux recherches arides et aux longs travaux se sentent inquiets. Ils se prennent à regretter d'être restés loin de la foule et loin de la vie, condamnés à créer dans la peine, pour un nombre infime de lecteurs. Peuvent-ils dire, même, qu'ils ont créé quelque chose? Il leur semble qu'ils ont seulement compilé. Les œuvres d'imagination, dont ils ont dédaigné à d'autres moments la grâce inutile, leur paraissent dignes d'envie ; elles procurent, avec plus de satisfaction intime, plus de renommée : à la fois la gloire que le public leur mesure, et l'agrément qu'ils se sont à eux-mêmes refusé. Ils se rappellent qu'autrefois, ils étaient capables, eux aussi, de rimer un sonnet à Philis, ou un madrigal à Eglé ; la science était le moindre de leurs soucis, et leur veine facile produisait sans effort. On commence toujours par être poète ; c'est la loi ; qui n'a pas écrit sa tragédie, sa comédie ou son épopée, pour débuter? Ils se représentent cet heureux temps ; et par échappées, comme en cachette, ils essayent parfois d'y revenir.

C'est ainsi que Ginguené, en composant ses Fables[1], prend sa récréation. En la prenant, ce vieil écolier très studieux travaille encore : il ne saurait s'en empêcher tout à fait. Un jour qu'il se délasse chez son ami Amaury Duval, il voit des plumes et du papier sur la table de sa chambre : il écrit aussitôt une pièce de vers, pour dire qu'il ne se servira pas des plumes, ni du papier[2]. De même ici : il écrit pour se reposer. Car c'est une besogne qu'aucune Revue n'attend, qu'aucun libraire ne réclame : elle lui paraît délicieuse par comparaison. Il est de loisir, et l'inspiration lui vient.

---

1. Fables nouvelles, par M. P.-L. Ginguené, membre de l'Institut de France. Paris, 1810, in-12.
2. Nous donnons ces vers en appendice.

Le démon de la poésie légère, comme il aurait dit, s'empare de
son imagination, et prend sa revanche sur l'érudition. En 1807, on
emportait encore un Horace avec soi, quand on voulait être sûr de
voyager en bonne compagnie, à l'abri du bavardage des sots :
Ginguené relit la sixième satire ; l'histoire des deux rats, le rat de
ville et le rat des champs, l'amuse et le provoque : le voilà fabuliste. Des fables, il en avait composé trois dans sa jeunesse : l'une
d'elles, *Le charlatan*, avait même paru dans l'Almanach des Muses
de 1779. En 1794, *La chouette et l'alouette* était venue s'ajouter
aux trois premières[1]. Mais depuis seize ans, pris par ses fonctions
publiques d'abord, ensuite par ses multiples travaux, il n'avait même
plus songé à de telles fantaisies. Sans raison apparente, il se remet
à ce genre futile : il écrit des fables pour le plaisir.

Cette même spontanéité, cette même allégresse éclatent encore,   *P. 15.*
lorsque deux mois plus tard, il cède de nouveau à son caprice. Goût
bienheureux, qui ne lui procure pas seulement une distraction, mais
un « dédommagement » à ses misères ! Deux fois de suite, « La Muse
naïve » apparaît après une désillusion cruelle : Ginguené joue à faire
des fables, et il se sent consolé. Sa volonté semble n'être pour rien
dans l'inspiration qui le saisit, comme une fièvre. Quand elle s'est em-
parée de lui, il écrit sans relâche ; le bruit, la compagnie, les voyages,
loin de l'arrêter, l'excitent ; il compose tout le long du jour : nous le
voyons même qui compose la nuit, afin d'apaiser les douleurs d'une
indigestion. Pour un peu, il se laisserait conduire par la petite voiture bien au delà de sa destination : la vue du gros noyer de Saint-
Prix le rappelle à temps à la réalité. Inversement, il se garde de
faire le moindre effort pour retenir le génie qui s'en va. Tous ses
autres travaux, il les accomplit à force de patience ; son énergie le
ramène à son bureau, devant son écritoire ; quelle que soit sa lassi-
tude ou sa faiblesse, il peine, et il finit. S'il employait le même système avec les fables, adieu la joie. Elles ne consentent à lui rendre
visite, à leur jour et à leur heure, que s'il leur permet de vagabon-
der au gré de leur fantaisie. Il a peur d'arrêter leur essor pour toujours, à vouloir les fixer un moment.

Nous n'avons aucune raison de douter de sa sincérité. Il fut toujours d'une franchise absolue avec les autres : pourquoi se
mentirait-il à lui-même ? On ne voit pas l'intérêt qui le pousserait à
altérer les comptes courants de son esprit. Il a dressé en un autre

---

1. Bibl. Nationale, FF. NA, collection Ginguené, 9194. F. 3 et 4 : *Table de
mes fables, dans l'ordre où je les ai faites.*

endroit la liste de ses fables, suivant l'ordre de leur composition[1] ;
et cet ordre coïncide parfaitement avec celui qu'il nous indique ici.
Croyons donc à ce caractère d'exceptionnelle facilité, sur lequel il
insiste avec tant de complaisance, et qui l'étonne en même temps
qu'il le ravit ; croyons ce que nous aurions peine à croire, de la part
de tout autre : qu'il avait déjà composé la moitié de ses fables, au
moment où l'idée lui vint d'en publier un recueil. Ceci rendra plus
curieux encore un autre caractère de sa création poétique, qui n'est
pas moins certain que le premier, et qui pourtant semble le con-
tredire : l'origine littéraire, voire même livresque, des vers qu'il écrit
spontanément.

Il serait amusant, en effet, de comparer le Recueil des fables, une
fois imprimées, au *Journal*. On verrait alors que Ginguené les a
presque toutes déplacées ; et qu'à part la première, qu'il a laissée en
tête comme par reconnaissance[2], il a bouleversé leur ordre primitif. On aurait le plaisir facile de deviner les préoccupations auxquelles il a obéi. *La citrouille et le jonc*, *Le cheval et le bœuf*, *La
rose, le jasmin et le chêne*, la troisième, la quatrième et la cinquième, deviennent la onzième, la douzième, et la seconde du
recueil. Ainsi de suite, à l'avenant. Quels sont les motifs de ces
changements ? C'est qu'il met de l'art dans sa façon de présenter les
choses : après une fable qui est courte, il veut une fable qui soit
longue ; après un rythme uniforme, des vers variés ; un sujet plaisant à côté d'un sujet sérieux ; non point toujours des animaux qui
parlent, mais tantôt des animaux, tantôt des hommes, tantôt des
choses. Il ne laissera pas côte à côte *La sensitive et la violette*, et
Le vieux pêcher, composées d'une seule haleine : il intercalera entre
les deux *Les raisins de Zeuxis*, *La fermière et sa fille*, *L'oiseau à
la mode*, *Les singes et les noix*, *La machine hydraulique et l'eau*.
Il est coquet à sa manière ; il sait que rien ne rebute un lecteur
comme la monotonie ; il s'efforce de l'éviter — Mais le *Journal*
pourrait nous fournir mieux encore ; il pourrait nous montrer comment les images s'associent ou se dissocient dans le cerveau de
l'écrivain ; par quel obscur travail un auteur passe d'un sujet à un
autre, et choisit celui-ci plutôt que celui-là ; suivant quelles habitudes les idées se rassemblent et s'organisent ; dans quelle mesure

1. *Ibid.*
2. Fable I, note 1 : « ... je place cette fable la première, parce qu'elle a été
la cause occasionnelle des autres. L'ayant faite sans dessein comme sans peine,
c'est l'attrait et la facilité que je trouvai dans ce genre de composition qui
m'engagèrent à m'y livrer pendant quelques mois ; et cette fantaisie qui, jusqu'à présent, n'a fait de mal à personne, m'a fait à moi le plus grand bien ».

des circonstances qui semblent fortuites, un voyage, une conversation, un repas, influent sur l'invention; quelle coloration la joie ou le chagrin donnent à une œuvre, même impersonnelle; et voyant comment agissent les mentalités moyennes, nous en tirerions peut-être quelques enseignements sur la pensée des génies supérieurs. Par exemple: *Le lion et le lapin*; *Le lézard et le crocodile*; *Le lion et la grenouille*, datent du même moment. L'idée de la disproportion entre un animal puissant et un animal faible, victime du premier, ne commande-t-elle pas les trois fables? Il semble que l'auteur ne s'en soit pas suffisamment débarrassé, pour ainsi dire, quand il lui a donné une première forme; elle domine encore son esprit; elle veut, elle exige une seconde expression, puis une troisième: alors seulement, elle est épuisée, et le fabuliste peut passer à un autre sujet. — Un peu plus tard, il écrit sans intervalle *Le vieux rossignol*, *L'oiseau à la mode*, *L'enfant et le petit oiseau*. Le sujet du premier apologue est en réalité très différent des deux autres; et le ton même passe du plaisant au sévère. Ne pourrait-on croire qu'ici, la vision préexiste à l'idée? Trois interprétations divergentes partiraient d'une même image. — A Rueil, Ginguené se sent entouré d'une atmosphère de sympathie. Il emporte dans ses papiers, quand il s'en va, *La fermière et sa fille*, *Le poisson du lac*, *La cigale et les autres insectes*. On ne saurait dire assurément qu'il y ait un rapport précis entre ces fables et les émotions que Ginguené vient d'éprouver. Remarquons cependant que la première est « toute naïve »; que la seconde est « toute riante »; que la troisième est malicieuse et gaie sans méchanceté. — Lorsqu'au retour de son excursion, notre poëte rentre à Saint-Prix, il se met aussitôt à l'œuvre; *Le pigeon sauvage et la colombe domestique*, *La grenouille voyageuse*, *Zéphyre et les autres vents* sont le résultat de ce travail. C'est sans doute parce qu'il vient de voyager qu'il fait voyager aussi la colombe et la grenouille. Et les vents eux-mêmes, « de retour aux antres d'Éole », racontent les exploits qu'ils viennent d'accomplir en parcourant le monde. Raffinons encore; poussons jusqu'au détail des fables; il ne serait pas impossible d'y recueillir aussi quelques observations. Voici le passage du caractère réel d'un animal, pris dans la nature, à son interprétation littéraire: ce qui est une des données essentielles du genre[1]. Il s'agit d'une grenouille, qui se croit une grande artiste, et qui vient s'instal-

---

1. Fable 46, *La grenouille et les oiseaux*.

ler dans une fontaine où les oiseaux s'abreuvent, pour les humilier par ses coassements mélodieux. Les oiseaux épouvantés s'enfuient.

> Un merle seul, chargé de porter la parole,
>   Tout auprès du bassin resta.
> *En vrai merle* d'abord la Grenouille il siffla,
>   La contrefit, la persifla ;
> Et puis, *en orateur* : « Quel ramage est-ce là ?... »

Nous voyons ici le travail, souvent invisible, par lequel le fabuliste donne à un animal une valeur humaine. — Si nous lisons la même fable jusqu'au bout, et que nous examinions la moralité qui la termine, nous comprenons comment l'auteur revient de l'allégorie à la réalité ; comment l'idée de « goût provincial » amène l'idée de « goût parisien », et celle-ci l'idée de « goût étranger », par opposition ; tandis que l'idée de « poésie » amène l'idée de « musique », par similitude :

> Ceci me fait songer à ce Bel-Esprit mince
> Qui débarque, chargé de bouquets pour Iris,
> Et vient par des sifflets expier à Paris
>   Tous les lauriers de sa province.
>
>   A Paris même, n'est-il pas
> Des rimeurs dont tel cercle ou tel salon raffole ?
> Sur un plus grand théâtre on veut placer l'Idole,
>   Et le public la jette à bas.
>
> J'en demande pardon à ma chère patrie ;
> Mais je crois voir encor, dans ce fait, le succès
>   Qu'auraient certains chanteurs français
>   Dans un concert en Italie.

Mais toutes les remarques du même genre, que l'on pourrait multiplier, seraient toujours subordonnées aux imitations auxquelles se livre Ginguené. L'ordre de la composition des fables dépend d'abord de l'auteur d'où il les a extraites : c'est seulement après que les autres *lois* — si ce sont là des lois psychologiques — peuvent intervenir. Nous ne nous doutons pas du nombre des écrivains que la Fable a tentés en France. L'exemple de La Fontaine, loin de décourager les bonnes volontés, en a suscité un nombre presque incalculable. Quelques noms seulement ont survécu, et sont arrivés jusqu'à nous, comme ceux de La Motte, de Florian, ou d'Arnault ; Ginguené les connaît tous. Il a lu, c'est lui-même qui nous l'affirme, Dardenne, Richer, Groseller, Boisard, Fumars, de Grécourt, l'abbé Aubert, l'abbé Lemonnier, le duc de Nivernais, Guichard, Formaye, Didot l'aîné, Mlle de la Féraudière, et Joliveau[1]. Obsédé de souvenirs, il est incapable de l'effort qui serait nécessaire pour chasser de sa mémoire ces éléments livresques, sa seconde nature. Tout ce qu'il peut faire, c'est d'écarter les modèles trop connus, et les sujets presque classiques, à force d'avoir été traités ; et de suivre seulement — puisqu'il est obligé de suivre quelqu'un, par la fatalité de ses habitudes intellectuelles — des exemples dont on n'ait pas encore abusé.

Or, sa connaissance profonde de la littérature italienne lui vient *P.* 12. ici fort à point. De l'autre côté des Alpes, la fable jouit d'une faveur si soutenue, qu'elle passe pour le produit caractéristique du xviiie siècle[2]. Les Français ne le savent pas ; mais Ginguené le sait. Il n'a qu'à donner un coup d'œil à sa bibliothèque pour trouver tout de suite, sur les rayons lourdement chargés, les meilleurs recueils de fables : celui de Pignotti, le grave historien toscan[3] ; celui de Bertòla, l'apôtre de la littérature allemande[4] ; de Giovanni Giberardo de Rossi, le poète lyrique romain[5] ; de Roberti, que ses amis appellent le La Fontaine de l'Italie[6]. Il feuillette leurs livres, retrouve les passages qui lui ont plu quand il les a lus pour la première fois, choisit ce qui lui semble digne d'être imité : on croit le voir, en train de mettre des signets et des marques. Cette matière abondante, et si facilement recueillie, va nourrir son inspiration. Au reste, il ne songe pas à dissimuler ses emprunts, en niant la dette de reconnaissance qu'il contracte envers ses grands amis les Italiens. Il voulait mettre, en tête de chacune de ses fables, non seulement le nom de son premier auteur, mais l'indication précise de l'édition d'où il l'avait tirée : c'est dans l'édition de Bassano, 1782, qu'il a lu Roberti ; dans celle de Pise, 1798, qu'il a lu de Rossi ; il a deux exemplaires de Pignotti, et deux de Bertòla. Mais il se ravisa, et se contenta de dresser la liste de ses modèles, qu'il joignit à la table des matières[7]. Lorsqu'il atteignit le chiffre de cinquante, qu'il s'était fixé, il se trouva qu'il avait écrit cinquante paraphrases.

Il a demandé qu'on ne le comparât point à La Fontaine, très

---

1. Ces noms sont contenus dans une note qu'il avait l'intention d'ajouter à son *Prologue*, et qu'il a supprimée au moment de l'impression. Le brouillon des fables se trouve dans le volume manuscrit que nous avons cité, FF, NA. 9194. Le catalogue de la bibliothèque de Ginguené (Paris, 1817, in-8) contient une division spécialement réservée aux fabulistes (p. 156 et s.).

2. Tullo Concari, *Il Settecento*, Milano, s. d., in-4 (Storia letteraria d'Italia scritta da una società di professori), p. 270.

3. 1739-1812. — 4. 1753-1798. — 5. 1754-1827.

6. 1719-1786. Ginguené a aussi emprunté deux fables au napolitain Giulio Cesare Capaccio, dont le recueil parût en 1602.

7. *Notice des auteurs d'où sont tirées les fables de ce recueil.*

conscient de la différence des mérites. S'il a osé reprendre une fable traitée par lui, une seule — celle du rat de ville et du rat des champs — c'est que le grand fabuliste l'avait volontairement négligée. Autrement, il ne se serait pas permis une telle audace[1]. Il est très loin, en effet, de « repenser », suivant le mot fameux de Taine, les idées qu'il trouve chez autrui ; les éléments divers qui traversent son esprit n'en sortent pas transformés et refondus ; il est impuissant à créer. Il choisit une fable et il l'embellit : voilà sa manière. Il l'embellit par de petits procédés, qui restent toujours les mêmes, et qu'il est aisé de retrouver. Si son modèle lui paraît trop long, il l'abrège : non pas en le condensant, mais en pratiquant des coupures ; ce qui est singulièrement plus commode. C'est le cas pour Pignotti, qui lui paraît prolixe. Dans *La santé et la médecine*, l'auteur italien consacrait un long développement à dépeindre la médecine : Ginguené supprime « un portrait moitié dégoûtant, moitié grotesque, qui ne nous paraîtrait en effet qu'une caricature plus ridicule que plaisante ». Mais l'intrigue, les caractères, les détails même, restent analogues.

Le plus souvent, au contraire, c'est une sécheresse excessive qu'il doit combattre : alors il allonge. Il introduit un beau discours en style direct, là où quelques vers seulement, en style indirect, exprimaient les choses sans élégance. Par exemple : un coucou se moque de l'amour maternel d'une poule qui craint pour la vie de ses poussins : Ginguené fait intervenir à temps une fauvette, qui dit son fait au coucou[3]. Dans une des fables suivantes il nous montre les oiseaux envoyés en ambassade devant Jupiter ; et le lecteur n'entendrait pas le discours des oiseaux ! Ce serait une faute impardonnable, que Ginguené évite[4]. Autre recette : dans un récit uniforme, il faut insinuer des détails pittoresques. Soit une histoire racontée par de Rossi : Un épervier enlève un poulet dans une basse-cour ; désespoir de la fermière. Sa fille, pour la consoler, lui annonce qu'elle a vu un faucon tuer l'épervier. Mais il ne me rend pas mon poulet, pense la fermière. C'est bien aride. Dix-sept vers pour décrire les travaux de la ferme, onze pour dépeindre le désespoir de

1. *Prologue*, note 1.
2. *La santé et la médecine*, note 1. On trouvera ce développement en entier dans les *Fables du Dr Lorenzo Pignotti, traduites de l'italien en français, par M. Ed. M.-J. Lepan*, Paris, 1816, in-8. Fable 46, p. 100.
3. Fable 31. *La poule, la fauvette et le coucon*. L'original est de Roberti, *La gallina ed il cuculo*.
4. F. 25. *Les femelles des oiseaux en ambassade devant Jupiter*. Roberti : *Le uccellette mandate a Giove*.

la fermière, onze encore pour la fille, et la fable devient un petit poème : à la bonne heure ! [1]. — Dans *La Conversation des oiseaux*, Bertòla veut rendre le bavardage de l'alouette [2] :

> Or narrava aver veduto
> Animali di forme rare,
> Or fra i turbini perduto
> Un naviglio in alto mare.

Amplifions :

> C'étaient des régions et des peuples barbares
> Qu'elle avait vus : des mœurs, des usages bizarres
> Qu'elle avait observés ; c'étaient des plantes rares
>   Qu'elle apportait ; des animaux
> De forme, de plumage, ou de poil tout nouveaux
>   Qu'elle leur décrivait ; c'était une tempête
> Qui sous ses yeux avait englouti des vaisseaux,
> Et qu'elle avait en vain prédite aux matelots ;
>   C'était une brillante fête
> Qu'en un pays lointain le peuple des oiseaux
> Lui donna l'an passé, pour faire sa conquête
>   La retenir captive et lui tourner la tête...

L'art des préparations ne doit pas être négligé. Rien ne sollicite davantage l'attention, et davantage ne retient l'intérêt. La fable de *P*. 19 Lessing que Cabanis a indiquée à son ami est d'une brièveté presque désespérante. Les ânes arrivent devant Zeus : « Sie gingen erfreut vor seinem Throne, als dem Throne der allgemeinen Liebe », dit Lessing ; et c'est tout. Ce n'est pas assez : il faut préparer leur discours au souverain des dieux ; il faut montrer l'antichambre de l'Olympe, décrire Mercure, le maître des cérémonies, parler des lois de l'étiquette : en un mot, ne pas arriver ex-abrupto à la scène principale, mais y conduire doucement, habilement, le lecteur [3].

Il n'est pas mauvais, enfin, d'évoquer de temps à autre des faits contemporains, ou même des souvenirs personnels à l'auteur. Un renard invité à la table du Lion rappellera Voltaire chez Frédéric II [4]. Un cygne qui chante — grande merveille — permettra de faire savoir qu'en 1783, deux membres de l'Académie des Inscriptions et Belles Lettres adressèrent un rapport à la Compagnie sur deux cygnes chan-

---

1. F. 17, *La fermière et sa fille*. De Rossi : *La contadina e la figlia*.
2. F. 10, *La conversation des oiseaux*. Bertòla : *La conversazione degli augelli*.
3. F. 3, *Les ânes en ambassade devant Jupiter*, Lessing's Fabeln in Prosa, Zweites Buch, F. 10.
4. F. 8, *Le lion et le lapin*.

teurs, qu'ils étaient allés voir sur le canal de Chantilly[1]. Un oiselet
tombe dans les mains d'un enfant : rien de plus banal, si on raconte
l'aventure sans l'orner ; tandis qu'une exclamation naïve, et comme
involontaire, donnera du charme au récit.

> Si jamais je deviens ou Pinson ou Fauvette
> Me préserve le ciel qu'il m'en arrive autant[2] !

C'est ainsi que Ginguené travaille ; c'est ainsi que nous devons
entendre la spontanéité, la facilité de son inspiration. Composer,
pour lui, c'est faire de la mosaïque. Il n'a plus la notion de l'origi-
nalité véritable ; il a tant regardé ses modèles, qu'il ne voit plus la
réalité que par exception. Il est devenu une sorte de virtuose, qui
compose des variations habiles sur des thèmes inventés par d'autres.
Nous savons qu'il aime la nature, profondément ; qu'il est heureux
aux champs, et malheureux à la ville ; qu'il est sincère, lorsqu'il
parle de la sorte :

> Depuis que la Muse naïve
> Qui remit sous mes doigts ma lyre fugitive,
> De moi tant bien que mal a fait un Fablier,
> Je suis plus que jamais, en ma saison tardive,
> Amateur des jardins, si ce n'est jardinier.
> Souvent j'y passe un jour entier.
> A quoi ? Je ne sais trop ; mais heureux de n'entendre
> De bruits ni vrais ni faux, point de devoirs à rendre,
> Point de bavards pour m'ennuyer,
> Point d'œil malin pour m'épier,
> Et toujours des leçons à prendre ;
> Leçons de langue des oiseaux,
> Et des fleurs, et même des arbres.
> Je les entends ; j'entends les moindres arbrisseaux ;
> J'entendrais, je crois, jusqu'aux marbres,
> Si marbres habitaient sous mes humbles berceaux.

Nous en concluons que la fable du *Vieux pêcher*, qui suit cette dé-
claration de principes, trouve sa matière dans une vision sincère
aussi, directe et originale. Au contraire ; tout est imitation ; de
Rossi a fourni l'ensemble et les détails ; Ginguené a substitué à
L'arancio un pêcher, parce qu'il vit sous un ciel où ne fleurit pas
l'oranger. Telle est l'histoire de toutes ses fables.

Ce n'est pas à dire qu'elles soient méprisables. Elles se recom-
mandent d'abord par des qualités très réelles de versification. C'est
un des points auxquels notre poète est le plus attentif : quand il lui

1. F. 33, *Le Vautour et le Cygne.*
2. F. 22, *L'enfant et le petit oiseau.*

semble que dans son modèle italien le rythme ne rend pas bien
l'allure de la pensée, il le change. Il est souple, il est adroit, il est
ingénieux ; il sait employer à propos l'alexandrin majestueux, et les
petits vers légers et rapides ; il sait les accoupler, de façon à pro-
duire les effets les plus heureux ; comme celui-ci, en parlant du
tigre et du lion devenus vieux :

> Alors, en chancelant, tous deux ils s'approchèrent,
>   Tendrement ils s'embrassèrent,
>   Côte à côte ils se couchèrent,
> Et de leurs longs débats perdant le souvenir,
>   Commencèrent
>   A dormir [1].

Dès sa première fable, il trouva plusieurs harmonies de ce genre,
ce qui dut le rendre bien heureux.

De même, certains morceaux de bravoure sont d'une belle venue,
notamment quelques-unes de ces descriptions qui paraissaient à
l'époque le triomphe de l'art. On sent que dans le combat de l'ours
et des loups, par exemple, il s'est appliqué à rendre par d'âpres
consonnances l'âpreté de la lutte entre animaux sauvages :

> L'ours, épuisé de sang, mais non pas de colère,
> Prend ses deux ennemis entre ses bras, les serre,
> Et, les pressant sur lui, meurt en les étouffant.
>   Les loups, sentant leur dernière heure,
> A la gorge de l'ours s'attachent ; et leur dent
> S'enfonçant dans les chairs, chacun, avant qu'il meure,
> En déchirant encor quelque lambeau sanglant
>   Console son dernier moment [2].

Une des fables qu'il a composées, nous dit le *Journal*, ne lui plaît
pas, c'est *La grenouille voyageuse*. Faisons-lui grâce de celle-là ;
examinons-le, pour être juste, sur celles qui lui plaisent. *Le poisson du lac* lui semble être « une de ses meilleures ». Voyons. — Un
poisson quitte le lac où il est né pour chercher dans des eaux cou-
rantes des émotions fortes, et périt dans ce voyage. Nous sommes
forcés de n'être pas de l'avis de Ginguené ; nous n'aimons plus « l'onde
agitée », ni « le lac si doux », ni « les rives charmantes », ni toutes
ces expressions du style noble et banal. Même désillusion, si nous
examinons une autre des productions que Ginguené relit avec complaisance : l'histoire du Zéphyre, que les autres vents raillent et

---

1. F. 14, *Le tigre et le lion devenus vieux.*
2. F. 39, *L'amitié de l'ours et des loups.*

chassent, parce qu'il vivifie au lieu de détruire. Le « fougueux escadron » qui « renverse l'espérance des moissons », et « s'escrime à toute outrance » sur « les débris des temples », ne nous séduit pas : nous aimons qu'on nous parle de la mer sans rappeler Neptune. « Je ne sais où j'allai prendre tout ce qui j'y mis de folies, d'allusions, d'imitations », déclare-t-il encore sans fausse modestie, en parlant de la fable des Renards et du Chien. Une description du fusil, qu'il appelle « un tonnerre invincible » ; un effet de neige — la neige empêche les renards de sortir, et les condamne à mourir de faim dans leur trou ; la résolution des renardeaux, qui veulent combattre le chien, comme les jeunes Troyens voulaient combattre Achille ; le discours du vieux renard, qui a connu jadis « Vulpes, Alopex, et Fox », et qui conseille de corrompre le chien, plutôt que de l'attaquer : ce sont là sans doute les folies dont il parle. Elles sont trop raisonnables ; elles ont quelque chose de forcé et de guindé. Qu'il s'oublie, au contraire, qu'il ne veuille pas forcer son talent, qu'il se mette à parler d'abondance, sans rechercher d'ornements ni de parures, sans faire appel aux poétiques ou bien aux rhétoriques ; alors il devient intéressant. La galanterie coquette du XVIIIe siècle, dans *Le berger et sa sœur* ; la sensibilité délicate et discrète, dans *La sensitive et la violette*, et des qualités du même genre qui sont celles de l'homme, et non plus de l'auteur, valent la peine qu'on relise les fables, et que si on rencontre à l'aventure le vieux recueil de 1810, on ne passe pas son chemin sans l'ouvrir. On aura le droit de tourner plus vite les pages aux endroits que Ginguené a recommandés ; mais on subira le charme de quelques vers ingénieux, de quelques traits bien touchés, voire même d'apologues entiers dont un siècle écoulé a fané la grâce sans la détruire.

Encore serions-nous injustes, si nous en restions là : il y a autre chose dans les fables. On trouverait, sans trop chercher, des qualités analogues chez beaucoup de contemporains, habiles versificateurs et hommes de goût. Et les défauts sont moins ceux de notre poète que ceux de son époque. Toute la production moyenne du XVIIIe siècle qui survit dans le XIXe siècle est atteinte d'une même maladie, qui est l'artifice. Or n'avons-nous pas dit que Ginguené ne se contentait point de l'art pour l'art ? qu'il ne se résignait pas à se confiner tout entier dans son métier d'auteur ? et qu'il différait des autres, précisément, par un certain goût de la politique et de l'action, qui transparaissait dans sa production littéraire ? — Remarquons qu'il exclut de son recueil quelques-unes des fables qu'il vient de composer, bien qu'il soit très attentif à conserver pour lui-même et pour la postérité les moindres vers qui sortent de sa plume : *Le loup et le chien*, parce qu'elle est trop courte et mal venue ; *La toilette et le lièvre*, parce qu'elle raille la culture des femmes, et se trouve être, de ce fait, peu philosophique. Ce sont là raisons toutes personnelles, qui font honneur à sa conscience. Mais il garde aussi en portefeuille *L'incognito du roi Lion*, qu'il a « se- mée de traits qui en rendront toujours la publication impossible » ; *Le lézard et le crocodile*, « petite fable condamnée au secret pour les mêmes raisons que l'incognito du lion, et peut-être plus néces- sairement encore » ; *Le lion et la grenouille*, « qui pourrait bien exiger la même précaution ». Cette fois, c'est l'adversaire irréduc- tible du gouvernement napoléonien qui réapparaît, même dans les fables. S'il prend tant de précautions, c'est qu'il sent le danger.

P. 12.

Il y en avait. Dans le *Mercure*, son ancien collaborateur à la *Dé- cade*, Auger, signala l'apparition des *Fables nouvelles* par une cri- tique bienveillante, qui passait sans insister sur « la morale ferme, sévère, et même un peu chagrine d'un homme qui n'a rien à se par- donner, mais qui pourrait bien avoir à se plaindre beaucoup des autres[1] ». Il n'en fut pas de même du *Journal de Paris*, où Ville- terque publia une dénonciation en règle[2]. Ginguené prétend qu'il a trouvé une jouissance infinie dans la composition des fables : bravo ! Et cependant, elles ne sont pas gaies. « Il veut qu'elles soient tristes, et je dis qu'il le veut, parce qu'on voit qu'il ne tien- drait qu'à lui que cela fût autrement ; il a de la gaîté dans l'esprit ; je ne sais où est son humeur, mais il en avait, et beaucoup, quand il composait ces fables... L'auteur s'y montre sombre, tristement penseur, très satirique et parfois exagéré, injuste et mordant comme un diable ou comme Juvénal ». Tout le monde savait contre qui Ginguené avait de l'humeur : parler ainsi, c'était réveiller la co- lère de l'empereur contre l'idéologue. Villeterque désignait même avec précision les fables contre lesquelles l'autorité devait sévir : « *Le bon serpent, Le lion, Le petit chien et le tigre, L'Amitié de l'Ours et des Loups, Les abeilles et le villageois, Le pacificateur lapidé*, et plusieurs autres, sont de rudes fables... »

Le fait est qu'à les regarder dans le détail, elles ne sont pas exemptes d'une certaine amertume, et qu'elles s'en prennent moins aux travers éternels de l'humanité qu'aux vices de la société contem-

---

1. En insérant la fable du *Vieux rossignol* (20 janvier 1810) le Mercure an- nonçait qu'il donnerait prochainement un compte rendu de tout le recueil. L'article d'Auger parut, en effet, le 3 février.

2. 20 février 1810.

poraine. Il est imprudent de rappeler, à un moment où les anciens
Jacobins et les anciens émigrés ont fait alliance et vivent côte à côte,
l'amitié de l'ours et des loups, que des questions d'intérêt ont réunis
provisoirement, et qui se déchireront bientôt jusqu'à la mort. Il
est imprudent, à une époque où le maître veut se voir entouré de
chambellans, d'écuyers, de courtisans de toute espèce, d'appeler ces
mêmes courtisans « gredins » et « bouffons ». Défiez-vous, dit le
fabuliste, des ingrats ! défiez-vous des faux amis ! défiez-vous de ceux
qui vous allèchent par de belles promesses, et saisissent la première
occasion de vous opprimer ! L'ancien général républicain, devenu
premier consul et empereur, ne pourrait-il pas penser que cette
moralité le vise ? Écoutons ces couplets :

> Ainsi devaient finir de prétendus amis,
> Au crime, à l'intérêt uniquement soumis.
> Car dieux mènent souvent à de semblables fêtes
> Les scélérats qu'ils ont unis [1].

Ou bien encore, à propos de l'hypocrite et de l'ingrat :

> Chacun d'eux est en somme un monstre abominable ;
> Contre eux, je le sens bien, c'est trop peu qu'une fable ;
> Et je ne sais pourquoi, dans ses décrets vengeurs,
> La loi ne les a pas traités en malfaiteurs [2].

En vérité, comme disait Villeterque, ce sont là de rudes fables !

Cependant Ginguené fit de son mieux pour détourner l'orage. Il
feignit de ne pas comprendre la portée de l'attaque, et restreignit le
débat à la seule littérature. Puisqu'il s'agissait de fables, il répondit
par une fable que le *Mercure* inséra. « Un sansonnet très bon enfant » se met à raconter cinquante historiettes. Le corbeau l'accuse
d'être triste : « Sansonnet n'est pas gai, puisque je ne ris pas [3]... »
Mais lorsqu'à la chute de l'Empire il fit paraître ses *Fables inédites*, servant de supplément à son recueil de 1810, il prit sa revanche ; et dans sa préface il avoua tout à ses lecteurs [4]. Il est vrai,
dit-il, que mes vers avaient un ton de liberté devenu peu commun, et contrastaient d'une façon remarquable avec les adulations
poétiques qui étaient alors d'étiquette, et presque de devoir. Il rappelle la dénonciation de son bilieux critique et remercie ses amis

1. F. 39, *L'amitié de l'ours et des loups.*
2. F. 40, *Les abeilles et le villageois.* — 3. 10 mars 1810.
4. *Fables inédites de M. P.-L. Ginguené, membre de l'Institut de France, servant
de supplément à son recueil, publié en 1810 ; et suivies de quelques autres poésies
du même auteur*, Paris, 1814, in-12.

de n'avoir pas attiré l'attention sur les passages suspects. Complaisamment, il allonge la liste des fables qui contenaient des allusions : beaucoup d'autres, certes, pouvaient paraître « sinon terribles, au moins singulières ! » *La machine hydraulique et l'eau, L'ours et les quatre animaux retirés du monde, L'horloge et la montre, Zéphyre et les autres vents, Le lion et le lapin, La citrouille et le jonc, Le tigre et le lion devenus vieux, Le vautour et le cygne, Le lion, le petit chien et le tigre* ; un « et cætera » semble indiquer qu'il pourrait continuer l'énumération, s'il le voulait. Il ne faut pas que le lecteur ignore les passages que la censure avait supprimés[1] ; il faut qu'il connaisse surtout les fables que l'auteur avait réservées pour des temps meilleurs.

Ce sont les plus piquantes. *L'incognito du roi Lion* nous montre le tigre, le taureau, et même le chien — car Ginguené n'aime pas le chien, qu'il accuse de n'être qu'un vil courtisan — pillant la France. Quand le lion, leur maître, leur demande des rapports, ils lui assurent que tout est pour le mieux dans le meilleur des mondes. Mais l'empereur ne se contente pas des rapports, il veut vérifier leur contenu, et parcourt le pays, pour voir de ses propres yeux comment il est administré. Il ne tarde pas à découvrir que les grands abusent de son nom, pour faire leur propre fortune. Alors il entre dans une colère effroyable, étrangle l'ours, éventre le chien : « et chacun dira qu'il fit bien ». — Bertola avait raconté l'histoire d'un autre lion, qu'une grenouille salue de ses coassements. Un courtisan se précipite pour lui imposer silence : mais le monarque l'arrête : toute louange est agréable, d'où qu'elle parte, et quelle qu'elle soit. Chez Ginguené, le lion revient d'une bataille meurtrière. Ce n'est pas sa cour qui l'environne, mais sa garde. Celui qui veut interrompre le chant de la grenouille est un officier[2]. — Un humble petit lézard aborde un puissant crocodile. Les membres de sa tribu l'ont député pour porter leur hommage à leur parent glorieux ; ils espèrent qu'en souvenir des liens de famille qui les

---

1. La censure avait supprimé, en autres, le passage suivant, où l'on pouvait voir une allusion à l'entrevue de Napoléon et d'Alexandre à Tilsitt (25 juin 1807). Il s'agit du lion et du tigre :

> Guerroyer, c'est être fou ;
> Nous avons tout notre soûl
> Depuis dix ans fait la guerre ;
> Faisons enfin la paix, et pour que l'amitié
> D'une et d'autre part soit sincère,
> Entre nous et moi, par moitié,
> Mon voisin, partageons la terre.

2. F. I, *Le lion et la grenouille* (1815).

unissent, un peu de la fortune qui lui est échue leur sera réservée.
Le crocodile, qui somnolait, ouvre un œil. Quand il comprend ce
qu'on attend de lui, il se rendort. Encore l'ambassadeur doit-il s'es-
timer heureux d'en être quitte à si bon compte! Les « puissants
d'hier », les « nouveaux grands », n'aiment pas entendre « la voix
nécessiteuse » de leurs proches affamés[1]. Voilà ce qu'on ne pouvait
publier en France en 1810, sans commettre le crime de lèse-majesté.

La véritable physionomie des fables, nous la connaissons maintenant. Elles sont un divertissement et un jeu, un repos et une récréation : une récréation passée avec un livre en main. Elles sont composées comme l'*Imagination*, de M. Delille, ou la *Mélancolie*, de
M. Legouvé. Production distinguée d'un auteur estimable, elles
manquent de génie : c'est déjà quelque chose que d'avoir du talent.
Ne soyons point trop sévères pour ce que nos pères ont beaucoup
aimé. Et puis, les fables nous font connaître un épisode nouveau de
la petite guerre entre le lion et le moucheron. Elles ressemblent à
ces injures qu'on lance en cachette contre un ennemi lointain, pour
se soulager. Il y a toujours quelqu'un pour en entendre une partie,
et elles ne sont pas tout à fait perdues. Ginguené sent bien que les
sages n'ont même plus la ressource de boire la ciguë, comme autrefois ; ils se couvriraient de ridicule.

> Un philosophe alors ne blessait point la vue.
> Les artistes et les marchands
> Les généraux et les amants
> Au Lycée, au Portique ou même dans la rue,
> Recevaient ses leçons et revenaient contents.
> Quelquefois, il est vrai, d'envieux charlatans
> Au sage procuraient l'honneur de la ciguë :
> Mais sa mort de l'Envie apaisait les serpents ;
> Sa mémoire obtenait des regrets éclatants ;
> Le Repentir public érigeait sa statue ;
> Son nom restait sacré : c'était là le bon temps[2] !

Il est passé. Il faut donc se contenter de manifester ses sentiments comme on peut, fût-ce dans des fables. Sans doute, « on ai-
merait mieux y voir un philosophe aimable et sensible qui instruit
les hommes en badinant, qu'un censeur austère et chagrin dont les
leçons sévères produisent quelquefois une impression triste et pénible, qu'on n'attend point dans le prologue[3] ». Mais il faut avouer
aussi que la faute n'en revient pas tout entière à l'auteur.

1. F. 2. *Le lézard et le crocodile* (1814).
2. F. 16. *Les raisins de Zeuxis, les oiseaux et les spectateurs*.
3. Dacier, *Notice citée*, p. 151.

IV. — LA DÉCADE PHILOSOPHIQUE

Sur la fin de la *Décade philosophique*, le *Journal* de Ginguené
est tellement explicite, que nous aurions mauvaise grâce à reprendre son récit, en des termes assurément moins bons. Mais nous
pouvons vérifier son exactitude par d'autres témoignages; et sur
quelques points, le compléter.

Cette vaillante *Décade*, qui compte treize années d'existence en
1807[1], et qui a traversé la Terreur, le Directoire, le Consulat, l'Empire, en sauvegardant toujours son indépendance et sa dignité, est
donc menacée de périr. Elle meurt d'épuisement. Elle ne s'est soutenue, pendant tant de vicissitudes diverses, que par l'énergie et la
concorde de ses fondateurs; maintenant, ceux-ci se désintéressent
de leur œuvre; ils se sont dispersés, et ils sont las. Il est vrai que
Le Breton a d'autres soucis en tête que celui d'y travailler, puisqu'il
est secrétaire perpétuel de la quatrième classe de l'Institut. Il est
vrai qu'Andrieux n'a plus besoin de ses articles pour vivre. En 1806,
Joseph Bonaparte est fait roi de Naples, par la volonté toute-puissante de son frère. Le nouveau souverain n'oublie pas que le poète
fut son collègue au Corps législatif, et qu'ils siégèrent souvent l'un
à côte de l'autre : il le nomme son bibliothécaire, au traitement de
six mille francs. En même temps, par décret impérial du 28 février
1806, Andrieux devient professeur titulaire à l'École polytechnique.
Enfin, il s'occupe toujours de théâtre; sa comédie des *Étourdis* n'a
pas quitté le répertoire; en 1810, il donnera le *Vieux fat* au
Théâtre français[2]. Si Amaury Duval n'avait à remplir que ses fonctions de chef de bureau au ministère de l'Intérieur, il aurait sans
doute de nombreux loisirs à consacrer à la Revue. Mais il se contente de l'administrer; et pour sa collaboration, il la prête plus volontiers à des entreprises plus lucratives. C'est l'homme qui a décrit
Paris et ses monuments[3], et qui décrira Paris et ses fontaines[4].
Présentement, il publie avec l'architecte Baltard l'*Athenaeum*, ou
Galerie française des productions de tous les arts[5]. Il est vrai que

P. 3.

1. 10 floréal an II (29 avril 1794); 21 sept. 1807, 34 vol. in-8.
2. *Le vieux fat, ou les deux vieillards*, comédie en cinq actes, en vers (Paris, Comédie française, 6 juin 1810), in-8.
3. *Paris et ses monuments, gravés par Baltard, avec leur histoire et leur appli-cation*, Paris, 1803 et suiv.; 24 livraisons.
4. *Les fontaines de Paris, anciennes et nouvelles*, 1813, in-folio.
5. Paris, 1806-1807, in-4.

Jean-Baptiste Say, toujours attaché de cœur à l'œuvre qu'il a personnellement dirigée depuis sa fondation jusqu'en 1800, ne peut plus lui envoyer que de très rares articles, depuis qu'il est à la tête d'une manufacture à Auchy, dans le Pas-de-Calais. Lisons la lettre qu'il écrit à Amaury Duval, le 15 août 1806[1] :

Mon cher ami, du fond de mes forêts, je me rappelle au souvenir de mon collaborateur de la *Décade philosophique*. Comment vous portez-vous, que faites-vous ? Ne m'oubliez pas tout à fait. Par grâce, mon Amaury, donne-moi un peu de vos nouvelles à tous. Je sais que tu as toujours une triple, peut-être quadruple occupation, moi aussi, j'en ai ; et néanmoins, tu vois que je m'évertue, que je t'envoie un faible contingent. Voici deux contes liés à un troisième qui n'a pu être achevé à temps pour le départ de la personne à qui je remets ces deux-ci[2]. Lis-les, juge-les ; vois s'ils sont dignes de jeter quelque variété dans les numéros. Si tu les emploies, je te recommande la correction des épreuves : corrige-les, corrige l'auteur même, avec la sollicitude de l'amitié. Tu recevras le troisième morceau, celui qui doit suivre immédiatement les premiers, avant que ceux-ci aient pu paraître. Il n'y a plus qu'un coup de polissoir à lui donner. Si je ne trouve point d'occasion pour te les faire passer à temps, tu les recevras par la poste.

Je suis toujours dans les douleurs de l'enfantement de notre grande mécanique. Elle n'est pas encore terminée sans qu'il y ait de la faute de personne ; c'est que c'est un ouvrage très considérable, très curieux, qui fera honneur à l'ingénieur qui en a donné le plan, et qui en ce moment est auprès de nous à en diriger l'exécution. En attendant, nous filons du coton à bras, c'est-à-dire que j'ai deux cents ouvriers sur les bras, un très fort ménage, car au milieu d'un méchant ménage, il faut que tout se trouve dans notre maison ; notre maison seule est en conséquence un abrégé du monde. Tous les arts y sont cultivés, nous sommes maçons, forgerons, charpentiers, philosophes, dessinateurs, un peu littérateurs, au demeurant assez gais, voyant de loin ce qui se fait de manière que l'horreur est affaiblie et que le ridicule reste.

Que fait Andrieux ? Est-il allé à Naples ? Que font tous les autres ? J'ai besoin de savoir ce que deviennent ceux que j'aime. J'imagine que tu risques peu d'en parler. Comment se défierait-on d'une lettre adressée à un négociant ? D'ailleurs tu peux paraître enthousiasmé de tout ; je prendrai le contrepied. Mes amitiés à tout ce qui t'est cher, à tes frères, à la femme. La personne qui emporte ma lettre l'attend pour partir. Adieu.

L'affection demeure : mais les communications sont interrompues.

1. Lettre inédite, appartenant à la famille Mazeran.
2. *Les trois exigeantes*, nouvelle publiée dans la *Décade* du 11 sept. 1806, p. 497 ; 21 sept., p. 551 ; 1er oct., p. 20. Une Française, une Anglaise, une Italienne, expriment tour à tour leur façon de comprendre l'amour. C'est une illustration de la pensée de Chamfort : une Italienne ne se croit aimée de son amant que lorsqu'il est capable de commettre un crime pour elle ; l'Anglaise, une folie ; la Française, une sottise.

Les tables de la *Décade* ne portent plus les initiales de ses fondateurs. On y trouve L. C. — La Chabeaussière, qui s'occupe de tout ce qui regarde l'art dramatique ; L. — La Renaudière, qui parle des ouvrages historiques et géographiques, et des traductions de l'anglais ; et surtout O. — Auger, qui représente la critique littéraire[1]. Ils écrivent des articles honnêtes et ternes, le plus souvent d'un très médiocre intérêt.

Ginguené veut rendre la vie à ce corps épuisé. Il reprend du service, comme il dit, mais il entend que les autres fassent de même ; la besogne l'écraserait, s'il voulait l'accomplir tout seul. Contrairement à l'opinion courante, qui voit en lui le directeur de la Revue, il n'a jamais été qu'un des collaborateurs : le plus fidèle, il est vrai, et le plus persévérant ; celui qui a le plus rudement mené la bataille philosophique, assénant à ses ennemis ses articles consciencieux, irréfutables, pesants. Il appelle, en bon soldat qu'il est, ses compagnons d'armes ; il commence par un cri d'alarme, pour les réveiller ; et il finit par un traité, pour les obliger à prendre des engagements formels[2].

Aux associés co-propriétaires de la Revue philosophique.

Nous dormons, mes chers confrères, et notre pauvre *Revue* coule bas ; réveillons-nous pour la remettre à flot. Chacun de nous est en bonne posture pour rappeler aux autres leurs engagements, car nous y avons tous manqué. Ces engagements sont tracés dans l'acte passé entre nous à la fin de l'an VII. Si l'un de nous recommençait seul à y être fidèle, il aurait sur les autres trop d'avantages. Recommençons donc à l'être tous ensemble ; redevenons sévères avec nous-mêmes, pour nous réconcilier avec le public. Un engagement pris entre des amis doit-il être moins sacré que s'il l'était entre des étrangers ? C'est là sans doute un privilège que l'amitié ne donne ni ne réclame.

Cela posé, je rappelle à tous et à moi aussi les articles suivants de notre acte :

Art. II. — ... chacun d'eux (Andrieux, Duval, Ginguené, Le Breton, Say et Toscan[3]) s'engage à fournir chaque Décade un article d'une

---

1. À l'époque où il écrit son *Journal*, Ginguené est réconcilié avec Auger. Mais en 1806, il a vivement critiqué dans la *Décade* son édition des œuvres de Duclos : « Les relations mêmes de M. Auger avec ce journal, où il a déclaré publiquement que les articles signés O sont de lui, me font un devoir de m'expliquer là-dessus loyalement et franchement... » (num. 31, 1er nov. 1806, p. 228 ; et 32, 11 nov. 1806, p. 278).

2. Document inédit, appartenant à la famille Mazeran.

3. Ce dernier s'est retiré de la société (*Note de Ginguené*). Toscan, bibliothécaire au Muséum, est un des fondateurs de la *Décade*. Il lui a fourni longtemps des articles d'histoire naturelle et de sciences. Dès le 10 floréal an X, Ginguené

étendue convenable, selon qu'il sera réglé par une convention ulté-
rieure.

Art. III. — Un jour de chaque Décade, il y aura assemblée des associés. Toute délibération y sera prise à la pluralité des voix, mais pour
délibérer, il faudra au moins la présence de quatre associés.

Art. V. — L'absence d'un associé d'une des assemblées décadaires le
soumettra à souffrir sur sa part afférente dans la distribution la retenue d'une somme de trois francs. Si l'un des associés collaborateurs
n'a pas fourni son contingent de travail, il supportera sur sa part une
retenue de six francs pour chaque article non fourni, à moins d'une
excuse valable, et jugée telle par la société.

Art. VIII. — Si l'un des associés collaborateurs se trouvait par raison
de maladie ou d'absence hors d'état de fournir des articles dont il sera
chargé, il sera tenu de proposer un homme de lettres qui s'obligera à
fournir le même travail, etc.

Observations sur ces articles.

1. *L'étendue convenable* des articles, désignée par l'article II, et qui
n'a jamais été fixée, doit être de six à huit pages au moins.

2. L'assemblée des associés, indiquée par l'article III, doit être remise à un jour de chaque quinzaine, à cause de la suppression des Dé-
cades, et le nombre des délibérants nécessaires réduits à trois, à cause
de la retraite de Toscan et de l'absence de Say.

3. On peut aussi réduire le nombre des articles à fournir par les associés, et le borner à deux par mois.

Du reste, toutes les clauses de l'acte seront remises en vigueur et exé-
cutées ponctuellement.

Je signe ces propositions que je fais pour le bien commun, et je
donne l'exemple de les signer comme nouvel engagement.

Paris, 24 mai 1807.

Ginguené.

P. 3.   Il n'est pas homme à prêcher seulement de parole, mais d'exemple. Dans le premier article important qui marque la reprise de sa
collaboration, il attaque le jugement porté par la Classe de langue
et littérature françaises sur le concours annuel de poésie. Elle a
donné le prix au poème de Millevoye, *Le Voyageur*, en regrettant
de n'avoir pas un second prix à décerner à celui de Victorin Fabre,
Discours en vers sur les Voyages. Sans doute, S. E. le Ministre de
l'Intérieur, informé de ce regret, a mis à la disposition de la Classe

se plaint de ce que sa collaboration ait presque complètement cessé : « J'ai
reçu une lettre du citoyen Guillemeau, professeur à l'École centrale de Niort,
qui se plaint avec assez de raison du silence qu'on a gardé sur son *Calendrier
de la flore des environs de Niort*. N'est-ce pas Toscan qui s'est chargé d'en faire
l'extrait ? Tâchez d'en tirer quelque chose, au moins pour la Revue » (Lettre
inédite à Am. Duval, appartenant à la famille Mazeran).

une somme de mille francs, pour récompenser le jeune poète. Mais cette demi-réparation ne suffit pas à Ginguené : comme il protège les débuts de V. Fabre dans les lettres[1], et qu'il l'aime d'un amour quasi-paternel, il trouve absurde la décision officielle ; et il le dit franchement selon son habitude : « Depuis qu'il existe des prix académiques, les corps littéraires qui les distribuent ne sont presque regardés que comme des tribunaux de première instance ; le public, tribunal supérieur, juge à la fois et les concurrents et les juges… » Il se charge de jouer ici le rôle du public : c'est un public sévère. Faut-il voir aussi dans son attitude le regret d'avoir été exclus de la seconde Classe, regret transformé en rancune ? Peut-être ; en tout cas, il a soin de motiver fortement ses conclusions. Vers par vers, le poème de Millevoye, celui de Fabre, et par surcroît celui de Bruguières, qui a remporté l'accessit, sont examinés et critiqués. Ce n'est plus un article, mais deux, mais trois qu'il écrit[2]. Ses co-associés ne pourront pas nier que l'étendue n'en soit convenable. Voilà la *Décade* remise en bon chemin.

Bientôt, une grosse affaire vient lui donner l'illusion qu'elle revit tout à fait, et qu'elle n'a rien perdu de son importance première : la « tracasserie italienne », à laquelle Ginguené fait seulement allusion dans son *Journal*. Il est bien curieux qu'il ne l'y ait pas consignée tout entière. Puisqu'il se raconte à lui-même tous les événements de sa vie littéraire, pourquoi a-t-il réservé celui-là ? Soit qu'il lui ait paru assez important pour mériter une place à part ; soit qu'il ait voulu préparer un document qui prouvât son impartialité, le cas échéant ; soit plutôt qu'il ait écrit le récit de cette aventure d'abord, le *Journal* ensuite, et qu'il n'ait pas jugé utile de se répéter ; le fait est qu'il lui a consacré une narration spéciale, que l'on retrouve dans la masse de ses papiers[3]. Il note, avec sa minutie habituelle, les différentes phases de la bataille qui se déroule devant ses yeux. Il est plongé dans la perplexité, pour savoir qui a tort, et qui a raison ; étant pour la paix entre Français et Italiens, il a peur de la guerre ; à la vue des égratignures et des coups, il a de grosses émotions ; et malgré tout cela, sa malice naturelle ne laisse pas de se

P. 4.

---

1. Voir dans la *Décade*, 11 juin 1806, p. 486, son compte rendu des *Opuscules en vers et en prose* de V. Fabre.

2. 21 mai 1807, p. 355 ; 11 juin, p. 480 ; 21 juin, p. 537. Ginguené ne compte pas, parmi les articles « d'une étendue convenable », ses comptes rendus des exercices des élèves du Conservatoire. La majorité de ceux qui paraissent en 1807 sont de lui.

3. FF. NA, collection Ginguené, 9195, p. 480 et suiv. *Sur la lettre de Lampredi contre Monti, sous le titre de lettre de Philaebus*, etc.

divertir un peu; il lui arrive de sourire, entre deux appréhensions. Le 11 avril 1807, paraît dans la *Décade* un article d'une grande violence : *Lettre de Philaebus, ou de l'ami de la jeunesse, sur le soi-disant prince des poètes de l'Italie, traduite par Philothète, ou l'ami de la vérité*[1]. Monti, déclare Philaebus, ne mérite pas la réputation que certaines gens lui accordent. Il n'est pas le premier poète de l'Italie; il est à peine poète. Tour à tour partisan du Pape, de Robespierre, de Napoléon, il change à tous les vents : voilà pour ses idées. Et quant à son style, il est bâtard, à demi classique, à demi moderne, tout souillé des horreurs de la Scandinavie. Dans une de ses dernières œuvres, *Le Barde de la Forêt Noire*[2], il dépasse toute mesure. Un barde, pour célébrer les exploits de Napoléon! Le genre lyrique mêlé au genre épique! Toutes les lois du bon goût violées! Un tel poème montre le cas qu'on doit faire d'un tel auteur. Et il y a pis : ce sont les vers qu'il vient d'écrire, à l'occasion de la victoire de Napoléon sur la Prusse : *l'Épée de Frédéric II*[3]. Ils doivent achever, en bonne justice, de le déconsidérer aux yeux du public. Déjà le *Journal de l'Empire* vient de lui adresser de légitimes critiques[4]. Mais ces critiques sont trop modérées. La vérité, c'est que Monti est un méchant homme et un piètre versificateur.

Cette lettre, comme on devait s'y attendre, fait scandale. Amaury Duval est obligé de publier une note, pour s'excuser de l'avoir laissé passer[5]. Il ne pensait pas, dit-il, qu'une simple querelle littéraire pût prendre une si grande importance. Certes, il n'avait aucune raison d'épargner Monti, qui a célébré dans un poème resté fameux cet assassinat de Bassville, dont il a failli lui-même être victime[6]. Mais s'il avait soupçonné qu'on dût faire servir la lettre à des haines personnelles, il ne l'aurait pas acceptée dans la *Décade*. Un des littérateurs les plus distingués de la revue s'apprête à remettre les choses au point, et à dire son sentiment sur la question. Le littérateur distingué n'est autre que Ginguené.

Celui-ci n'ignore pas ce qui se passe dans la coulisse. L'auteur de la lettre est Urbano Lampredi, mathématicien et poète, qui a cherché un refuge en France au moment de la réaction austro-russe de

1. Cette lettre paraît ensuite en italien : *Lettera di Fileho, ossia dell' amico della gioventù intorno al sedicente principe de'poeti d'Italia*, Milano, 1807, in-24.
2. *Il Bardo della Selva Nera*, 1806. — 3. *La spada di Federico II*, 1806.
4. *Journal de l'Empire*, 12 janvier 1807.
5. 21 juin 1807, p. 572 : *Quelques observations du rédacteur en chef de la Revue, au sujet de la lettre de Philaebus, insérée dans le numéro 11 de cette feuille*.
6. Voir la narration d'Amaury Duval dans L. Vicchi, *Les Français à Rome pendant la Convention (1792-1795)*, Rome, Paris, Londres, 1892, in-4.

1799. Il fut alors professeur au collège de Sorèze. Revenu à Paris pendant l'hiver de 1806, il a vécu dans la compagnie de littérateurs italiens hostiles à Monti : entre autres, Gianni, l'improvisateur officiel de l'Empereur, qui n'a jamais pardonné à Monti des vers injurieux de la *Mascheroniana* [1]; c'est lui qui a excité Lampredi. Le traducteur est Barrère, « qui fait tout ce qu'il peut pour se faufiler dans les lettres », dit Ginguené, « mais qui n'y sera jamais qu'un intrus, malgré le bel extrait que l'on a fait ou qu'il a fait lui-même dans la *Revue* de ses éloges académiques [2] ». En somme, tous ces jaloux ont épanché leur bile contre un poète plus grand qu'eux : il faut leur répondre, bien qu'à vrai dire Ginguené ne professe pas pour Monti une sympathie bien vive : « Je savais le peu d'estime que méritait son caractère, et je le lui avais prouvé par le peu d'empressement que j'avais mis à le voir pendant son séjour à Paris, quoiqu'il m'eût fait la première visite ». Mais une injustice a été commise : il considère comme de son devoir de la réparer. Il se met donc à l'œuvre, relit *Le Barde de la Forêt Noire* sur un exemplaire dont Monti lui a fait personnellement hommage, et compose son article. Dures vérités à Philaebus et à Philothète; éloges au poète qu'ils ont calomnié; exhortations à la paix et à la concorde : Ginguené envoie son œuvre à la *Décade* et considère l'affaire comme terminée.

Mais voici qu'Amaury Duval sonne à sa porte, tout affairé. Il arrive de Paris, car il a fait le voyage tout exprès, apporte à son collaborateur des coupures de journaux milanais, romains, napolitains; des journaux français aussi; des brochures que la querelle a fait éclore; et surtout, la réponse de Monti à Philaebus : plus grossière, et sans comparaison plus perfide que l'attaque [3]. Nos deux amis sont bien embarrassés. Que faire? Au lieu de défendre Monti, comme ils en avaient l'intention, répondre à ses insolences — d'autant plus qu'il appelle la *Décade* « journal ennemi du gouvernement », et qu'une pareille phrase peut leur attirer les pires désagréments? — Non pas. Ginguené ajoutera seulement quelques notes à son travail, pour

<hr>

1. *Mascheroniana* :

di Libetra
Certo rettile sconcio, che supplizio
Di dotti orecchi cangiò l'ago in catra.

2. 11 mai 1807, p. 290, *Éloges académiques, par M. Bertrand Barrère* (Compte rendu non signé).

3. *Lettera all' abate Saverio Bettinelli, Cavaliere della corona di ferro, membro dell' Istituto italiano*, 1807. Recueillie dans les *Opere*, éd. Resnati, Milano, 1839-1842, 6 vol. in-8, t. V, p. 400.

déplorer l'attitude de Monti, indigne d'un si grand poète[1]. Et la *Décade* ne poursuivra pas un débat qui s'envenime à ce point.

Maintenant, Ginguené feuillette, pour son compte personnel, les papiers qu'Amaury Duval lui a apportés. Les journaux italiens sont presque tous contre Monti. Il n'y a guère que la grande feuille milanaise, le *Giornale italiano*, qui le défende : si énergiquement, que l'énormité de ses éloges peut tenir lieu du nombre. A propos d'une ode que le poète vient d'écrire sur l'accouchement de la vice-reine d'Italie, le journaliste déclare qu'elle est vraiment classique ; qu'elle défie la jalousie, comme toutes ses autres productions ; qu'elle rendrait son nom encore plus illustre, si on pouvait ajouter quelque chose à sa gloire. Le malheur veut que dans cette ode admirable, Monti ait appelé « vierges » les déesses qui président aux accouchements : le *Corriere delle Dame* ne manque pas de relever cette bévue, et d'en faire des gorges chaudes. Le *Giornale italiano* riposte : le *Corriere delle dame* aussi. Ginguené rit en lui-même. Le plus plaisant, c'est que la division règne même dans le *Giornale italiano* : tandis que Gherardini, jeune écrivain que Monti y a introduit, loue éperdument son protecteur, l'abbé Guillon, le directeur, fait passer des articles qui louent éperdument Gianni. Quelle comédie ! Mieux vaut la considérer en spectateur que d'y tenir un rôle.

Décidément, les procédés de Monti ne plaisent pas à la nature droite et franche de Ginguené. Ce qu'il pardonne le moins peut-être, ce sont les lâchetés et les traîtrises : Monti s'en sert comme d'une arme favorite. Il a feint de se réconcilier avec l'abbé Guillon ; et le jour même où il lui a tendu la main, il a essayé de le perdre dans l'esprit d'un personnage influent. Dans son libelle, il raconte que Lampredi est en Espagne, pour un voyage d'agrément ; et il ajoute en note : « On m'affirme qu'au moment où j'écris, il est passé d'Espagne en Angleterre ». Étant donnée la situation politique de l'Espagne, et l'hostilité professée par Napoléon contre « la perfide Albion », qu'il a mise au ban des nations en proclamant le blocus continental, cette insinuation suffit pour perdre Lampredi. Contre Gianni, qui est bien en cour, Monti se montre relativement modéré : ou du moins il ne l'attaque pas en face ; mais il trouve moyen de rappeler, comme par hasard, son amitié avec Ceracchi, sculpteur italien exécuté pour avoir comploté contre le

---

Premier Consul. Il s'en prend encore à Buttura, qui n'a trempé ni de près ni de loin dans l'affaire [1]. Il ne se contente pas de mépriser ses œuvres littéraires, qu'il a louées jadis ; il attaque sa vie privée ; il fait savoir qu'il a été prêtre, et qu'il s'est défroqué sous la Révolution. Il le fait savoir non pas seulement au public en général, mais à Marescalchi, ministre du royaume d'Italie à Paris, chez qui Buttura est employé. Heureusement, le résultat trompe son attente : Marescalchi écrit de sa main à Monti, pour l'engager à rétracter publiquement une accusation dépourvue de tout fondement ; il ne lui dissimule pas qu'il regarde comme offensante pour lui cette calomnie dirigée contre un homme attaché à son ministère. Ainsi, voilà encore une fausse attaque et une lâcheté inutile. Tout cela n'est pas beau. Et dans sa solitude de Saint-Prix, notre philosophe s'attriste de nouveau, en songeant que les personnages, et surtout le principal personnage de cette comédie littéraire, sont animés de sentiments aussi bas.

La *Décade* publie donc des articles d'importance, commentés à Paris, traduits au delà des monts ; elle est assez sage pour se mettre à l'abri des coups, quand on vient à en échanger de trop violents. Si la bonne volonté des auteurs se réveille, elle est sûre de retrouver le cours heureux de ses destinées. Or c'est à ce moment qu'elle succombe, pour des causes extérieures à elle-même. Ses amis l'appellent encore *Décade*, par habitude, et aussi parce que ce nom est un programme : il marque qu'elle entend garder l'esprit de la Révolution. Officiellement, c'est la *Revue* qu'il faut dire ; depuis le premier trimestre de l'an XIII, le gouvernement a voulu qu'elle changeât ainsi son titre primitif [2]. Il ne se contente pas de ce sacrifice ; il revient maintenant à la charge, et décide qu'elle doit se fondre avec le *Mercure*. C'est un des épisodes les plus curieux de la vie littéraire sous l'Empire.

On connaît le récit de Chateaubriand. Dans le *Mercure* de Juillet 1807, il publie son article fameux sur le *Voyage en Espagne* de De Laborde : « Lorsque dans le silence de l'abjection, l'on n'entend plus retentir que la chaîne de l'esclave et la voix du délateur, lorsque tout tremble devant le tyran, et qu'il est aussi dangereux d'encourir sa faveur que de mériter sa disgrâce, l'historien paraît,

P. 6.

---

1. Buttura venait d'attirer l'attention du public par sa traduction de l'art poétique, de Boileau, dont Ginguené avait fait un compte rendu élogieux dans la *Décade* (1er avril 1806, p. 31).

2. *La Revue, ou Décade philosophique, littéraire et politique, par une société de gens de lettres*, 13e année de la République.

chargé de la vengeance des peuples. C'est en vain que Néron
prospère, Tacite est déjà né dans l'Empire... »[1] A cette lecture,
Napoléon entra dans une colère furieuse, que les *Mémoires d'Outre
Tombe* rapportent avec une certaine joie : « Chateaubriand croit-il
que je suis un imbécile, que je ne le comprends pas ? Je le ferai
sabrer sur les marches des Tuileries ! Il donna l'ordre de supprimer
le *Mercure* et de m'arrêter. Ma propriété périt ; ma personne échappa
par miracle ; Bonaparte eut à s'occuper du monde ; il m'oublia, mais
je demeurai sous le poids de la menace. » Telle est donc la première hypothèse : Napoléon, pour punir le *Mercure* d'avoir osé parler de tyrannie, le condamne à se fondre avec la *Décade*[2].

La seconde est celle de Ginguené : Napoléon, pour punir la
Décade d'avoir osé parler de tyrannie, la condamne à se fondre
avec le *Mercure*. Certes, le compte rendu du livre de Rulhière, sur
l'*Histoire de l'Anarchie* de Pologne[3], n'a pas l'éclat superbe de l'article sur le *Voyage en Espagne*. Mais il est aussi hardi. « L'horreur pour les abus du pouvoir », « l'amour de la liberté », voilà ce
sur quoi Ginguené insiste. Son attention va moins à l'époque, au
pays, à son histoire, qu'aux principes qui sont en jeu. « Ce qui
résulte éminemment de la lecture de [l'] ouvrage, dit-il, est une
haute estime, une profonde vénération pour les défenseurs de la liberté
polonaise, et une horreur mêlée de mépris pour leurs oppresseurs. »
La Pologne asservie, c'est la France : comme l'empire romain voulait dire la France pour Chateaubriand. Vaincu lui-même, Ginguené
manifeste sa sympathie pour les vaincus. « Le résultat de sa lecture est le même que celui de l'histoire de tous les peuples libres
qui ont été dignes de la liberté. Lors même que cette liberté est
détruite, c'est toujours à ses défenseurs et à ses martyrs, jamais à
ses oppresseurs, que s'attachent l'intérêt et l'admiration. » Il ne
laisse pas de parler, enfin, du « burin de l'histoire », qui fera passer les crimes du présent à la postérité.

Chateaubriand et Ginguené n'auraient-ils pas raison, quand ils
pensent avoir excité la colère du maître ; et n'auraient-ils pas tort,

1. *Mémoires d'outre-tombe*, éd. Garnier, 1860, t. II, p. 524-525. Voir Sainte-Beuve,
Chateaubriand et son groupe littéraire, Paris, 1861, 2 vol. in-8 ; 21e leçon, p. 100.
2. Voir Tourneux, *Bibliographie de l'histoire de Paris pendant la Révolution*,
tome III, article *Décade*: « Pourquoi, le *Mercure* ayant déplu au maître, fût-ce
l'ancienne *Décade* qui disparût? C'est ce que je ne saurais expliquer. » — L'article contient d'ailleurs ce qu'on a dit de plus substantiel et de plus juste sur
la *Décade*.
3. *Décade*, 1er août 1807, p. 206. *Histoire de l'anarchie de Pologne et du dé-
membrement de cette République, par Rulhière, suivie des anecdotes sur la
révolution de Russie en 1762 par le même auteur*, Paris, 1807, 5 vol. in-8.

quand chacun d'eux s'imagine qu'on en veut à lui-même plus qu'au voisin? Le but visé, et le but atteint, est de les affaiblir tous les deux à la fois. Le gouvernement, qui savait tout, ne pouvait pas ne pas être au courant de l'inimitié qui faisait de Ginguené et de Chateaubriand deux adversaires irréconciliables : le nom de Ginguené était comme le symbole même de l'opposition au *Génie du Christianisme*, qu'il avait si violemment critiqué[1]. Le gouvernement ne pouvait pas ne pas être au courant des injures que les deux revues rivales échangeaient toutes les fois qu'elles en avaient l'occasion. Le 31 Janvier 1807, pour ne prendre que les exemples les plus rapprochés, le *Mercure* imprimait qu'un journal presque inconnu, qui s'appelait, paraît-il, la *Revue philosophique*, recueillait les émanations et les ordures des idéologues; et que les poisons lui étaient plus familiers qu'à Mithridate. Sans perdre de temps, le 1er Février, la *Décade* répondait aux « saloperies du critique ». « Nous lisons peu le *Mercure*; et sans doute, nos abonnés comme nous. Nous leur apprendrons donc comme une nouveauté que cet ancien journal existe ; il est occupé à couvrir de boue les écrivains qui honorent le plus la littérature française... » Le reste de l'article était sur le même ton[2]. Le 11 juillet, quand la réunion était peut-être décidée dans l'esprit de l'Empereur, la *Décade* recommençait la bataille et prenait l'offensive. Elle déclarait que les rédacteurs du *Mercure* étaient « des échappés de tous les partis, ayant professé toutes les opinions, fait tous les métiers, essuyé tous les affronts » : ils n'avaient trouvé d'autre chef qu'un certain M. de Bonald, « auteur d'un ouvrage inintelligible intitulé *La législation primitive*, et vivant dans les montagnes du département de l'Aveyron[3]... ». Ne plus faire qu'une seule et même revue, avec un seul et même esprit, après de tels propos! C'était couvrir les deux adversaires de ridicule, et les condamner irrémédiablement à l'impuissance. Il y a là deux procédés distincts, familiers à la police de l'Empire, et qui ont été signalés tous les deux : la main-mise sur les biens du journal, que l'État divise par actions, et distribue à son gré; et la fusion[4]. Mais elle en a d'autres, qui sont moins connus, et qui

---

1. Ses articles de la Décade ont été réunis en brochure: *Coup d'œil rapide sur le Génie du christianisme, ou Quelques pages sur cinq volumes in-8*, Paris, 1802, in-8.

2. 1er février 1807, *Aménités mercurielles*.

3. 11 juillet 1807, *Sur un article de M. de Bonald, intitulé : De l'équilibre politique en Europe, inséré dans le Mercure du 27 juin dernier*.

4. Voir Hatin, *Histoire de la Presse*, tome VII, Paris, 1861, in-8, p. 415 et suiv.; pour le *Publiciste*, 437 et suiv.; pour le *Journal des Débats*, 546 et suiv., pour le *Journal de Paris*, 553 et suiv.

portent le même caractère de violence simpliste et d'habileté
sournoise. En voici un qui vaut la peine d'être signalé. Le 14 mars
1808, le ministre de la police écrit au directeur des *Archives littéraires de l'Europe*, Vanderbourg, que son journal ait à s'occuper
exclusivement de littérature étrangère. Cette mesure, toute brutale
qu'elle est, ne révoltera pas le public, s'il vient à la connaître ;
l'opinion n'en sera même pas émue. Et cependant, elle équivaut à
la condamnation du journal. Vanderbourg le comprend bien : il
montre qu'il n'est pas dupe ; il écrit au ministre que puisqu'on veut
sa mort, il mourra :

                                            Paris, le 16 mars 1808.

    MONSIEUR,

J'ai reçu la lettre que vous m'avez fait l'honneur de m'écrire. Borner
les Rédacteurs des *Archives littéraires de l'Europe* à traiter uniquement
la littérature étrangère, c'est supprimer cet ouvrage périodique, en laissant aux propriétaires la faculté d'en commencer un autre d'un genre
très différent. Ils ne sont point en état de hasarder une telle entreprise.
Tout ce qu'ils peuvent faire, c'est de renoncer à celle qu'ils soutenaient
depuis quatre ans. Le cahier de ce mois qui est maintenant sous presse
et qui complète le dix-septième volume sera le dernier de l'ouvrage.

J'ai l'honneur d'être, avec une parfaite considération, Monsieur, votre
très humble et très obéissant serviteur.

                                            VANDERBOURG [1].

P. 7.   On savait par ailleurs que cette politique napoléonienne, si grande
P. 9. dans ses effets, sans cesse occupée à remuer l'Europe et presque le
monde, ne négligeait pas de descendre jusqu'aux minimes détails,
ourdissait des trames menues, préparait des pièges, se piquait de
tout savoir, tout prévoir, tout ordonner : le récit du *Journal* vous
en donne la plus éclatante, et comme la plus vivante confirmation.
Rien n'est plus curieux que ces hésitations entre les différents
imprimeurs ; le choix de l'un ou de l'autre devient une affaire
d'État. En 1810, on prendra contre eux des mesures de rigueur ;
leur nombre sera réduit, leurs presses surveillées, leurs travaux
enregistrés [2]. Maintenant, on n'en est encore qu'à la défiance et
aux précautions. La *Décade* est installée chez Colas, rue du Vieux-
Colombier [3] : on ne veut pas de lui, parce que le *Mercure* aurait

1. Archives Nationales. F7 3456, 1807-1808.
2. Voir Welschinger, *La censure sous le premier empire*, Paris, 1882, in-8,
p. 279.
3. Voir, pour les renseignements sur les différents libraires cités dans le
Journal, P. Delalain, *L'imprimerie et la librairie à Paris de 1789 à 1813*, Paris,
1900, in-8.

l'air de le céder à la *Décade* ; à la rigueur, Colas pourra conserver l'impression, mais non pas l'édition de la *Revue*. *Le Mercure* est installé chez Le Normand, rue des Prêtres Saint Germain l'Auxerrois ; mais comme le *Journal de l'Empire* s'y trouve aussi, on ne veut pas de Lenormand, dont l'importance deviendrait trop considérable. On voudrait bien d'un Nicole, qui permettrait d'utiliser l'expérience et la bonne volonté de Le Normand, mais sans en avoir l'air. On voudrait bien de Testu, qui exerce rue Hautefeuille, parce qu'il n'est qu'un pauvre diable, et qu'on a cependant la haute main sur lui, en sa qualité d'éditeur de l'*Almanach impérial*. On voudrait bien de la maison Fain et Cie — imprimerie, et non librairie — qui s'est installée en 1803 aux ci-devant écoles de droit, place du Panthéon, et qui sollicite la clientèle de l'Université. On pourrait transporter le nouveau *Mercure* quai des Augustins, chez Arthus Bertrand : mais la police ne veut pas de lui, parce que son nom ressemble à celui d'un policier. Il faut prouver que c'est là une pure coïncidence, pour qu'on consente à lui assurer les bénéfices problématiques de l'entreprise. Le libraire est choisi : l'Empire est sauvé...

De même, nous voyons l'antagonisme des différentes polices agir *P. 10.* si bien, que Ginguené a l'air de se trouver pris comme dans des filets. D'août 1807 à avril 1808, Fouché, qui s'est réinstallé au ministère de la Police générale reconstitué, est à l'apogée de sa puissance[1]. Il délègue à la surveillance de la presse — que Napoléon ne cesse de lui recommander d'une façon impérieuse, et quelquefois menaçante — l'ex-oratorien Maillocheau, son secrétaire et son homme de confiance, qu'il nommera plus tard commissaire de police à Lyon. Mais le ministre et son lieutenant sont menacés dans leur propre domaine. Le *Journal des Débats*, devenu *Journal de l'Empire*, leur échappe ; Fiévée en a accepté la direction à la condition expresse qu'il ne dépendrait en rien du ministère de la Police. Or, Fiévée est l'homme qui renseigne directement Napoléon sur les mouvements de l'opinion : il en profite pour diriger contre Fouché une guerre implacable. Pour le moment, il est vaincu ; il est remplacé à la direction des *Débats* par Étienne. Mais il n'abandonne pas son rôle d'informateur ; qui sait s'il ne triomphera pas demain ? Le préfet de police, Dubois, est chargé, outre ses fonctions officielles, d'une des polices particulières de Napoléon. Il

1. Voir L. Madelin, *Fouché (1759-1820)*, Paris, 1901, 2 vol. in-8. Sur l'organisation des différentes polices impériales, t. I, chap. xv, p. 460 et suiv. ; sur la puissance de Fouché en 1807, t. II, chap. xvi, p. 35 ; sur Dubois, *Ibid.*, chap. xvii, p. 41 et suiv.

Paul Hazard.

déteste Fouché, qui le tient dans une position subalterne ; son bonheur serait de montrer à l'Empereur que le ministre est mal informé, et que lui, Dubois, en sait plus long que son chef. Il fait surveiller les Idéologues, pour lesquels Fouché pourrait avoir gardé quelque tendresse, étant données ses anciennes relations[1]. Il fait surveiller les royalistes, vers lesquels on accuse Fouché de pencher secrètement. Encore n'est-ce qu'une partie des forces policières. Et l'excellent Ginguené sent bien qu'il est incapable de lutter avec tous ces gens-là.

Après ses inutiles démarches au ministère, il attend avec anxiété les décisions définitives. Il est victime, cette fois encore, d'une force contre laquelle il ne peut lutter ; c'est l'histoire de toute sa vie qui recommence ; mais la douleur se fait plus amère, à l'âge où les jeunes illusions ne viennent plus remplacer les espoirs déçus. « Je vous avouerai », écrit-il le 14 septembre à Amaury Duval, « qu'en parlant de ce dernier soupir que nous allons jeter, mon cœur se révolte un peu contre l'acte d'autorité qui nous ôte une propriété acquise par quatorze ans de travaux. Quand nous y gagnerions pécuniairement, nous y perdrions à tant d'autres titres ! Mais nous n'y pouvons rien, et je ferai de cela comme j'ai fait de tant d'autres choses. Je suis fait à la fatigue[2]. » Et le 24 : « Me voici encore plongé, mon cher concitoyen, dans ces vilains brouillards de l'incertitude. Est-ce que le rapport de M. Legouvé[3] n'a pas été fait mardi matin ? N'y a-t-il rien eu de décidé ? Avons-nous pour libraire Nicole ou Perlet[4] ou un autre ? Sommes-nous sous les griffes de Messieurs de l'ancien *Mercure*, ou y avons-nous échappé ? Nous a-t-on tendu quelque nouveau piège, et y sommes-nous enfin tombés[5] ? »

Cependant dans son dernier numéro, le 21 septembre 1807, la *Décade* avait annoncé au public le changement qu'elle allait subir. C'était d'un commun accord, disait-elle, que le *Mercure* et la

---

1. Un des griefs de Ginguené contre Fouché est de n'avoir pas suffisamment défendu Grouvelle. Les attaques dont celui-ci fut l'objet sous l'Empire, parce qu'en sa qualité de secrétaire du ministre de la justice, il avait lu à Louis XVI sa condamnation, causèrent sa mort (30 septembre 1806).

2. Lettre inédite à Amaury Duval. Appartient à la famille Mazeran. Celles que nous citerons encore proviennent du même fonds.

3. Legouvé était nommé directeur du *Mercure* modifié, au traitement de douze mille francs.

4. Perlet, dont Ginguené ne parle pas dans son *Journal*, est un libraire-éditeur, installé depuis 1802, rue de Tournon.

5. Lettre inédite à Amaury Duval. Ginguené est né à Rennes le 25 avril 1748, Am. Duval est né dans la même ville le 20 janvier 1760.

Revue unissaient leurs forces : les directeurs s'étaient aperçus que les deux feuilles se nuisaient par la concurrence, puisqu'elles avaient le même objet et paraissaient aux mêmes époques ; ils avaient décidé, en conséquence, de les fondre en une seule. L'esprit restait le même ; le titre seul était changé. A son tour, le 4 octobre, le *Mercure* avertissait ses lecteurs que les propriétaires des deux journaux avaient cru devoir les réunir : un prospectus, qu'on enverrait incessamment aux abonnés, développerait les motifs et les avantages de cette mesure. Et dans le même numéro, Amaury Duval faisait paraître un petit conte symbolique, dont la légèreté semble bien pesante, et la sentimentalité bien froide[1]. Il a l'air d'un compliment écrit comme pensum. Il y avait dans Athènes deux écoles fameuses, dont les principes paraissaient différer étrangement. L'une avait pour chef Hermodore, vieux rhéteur, qui frondait les opinions à la mode, et censurait amèrement les mœurs de ses concitoyens ; l'autre, plus récente, était dirigée par une femme, Euphrasie, qui professait les maximes de la philosophie moderne. Leurs idées influaient sur leurs opinions en littérature : il suffisait qu'Euphrasie eût parlé avec avantage dans son école d'un poète ou d'un orateur, pour qu'Hermodore s'efforçât de prouver que cet orateur était sans éloquence, et ce poète sans verve. Il critiquait surtout les modernes, parce qu'Euphrasie avait parmi eux beaucoup d'amis. Socrate, consulté sur leur différend, qui partage toute la ville, répond que le bleu et le jaune réunis donnent le vert. On invite les deux adversaires dans une même fête ; on les amène à confesser que leurs principes sont plus opposés en apparence qu'en réalité : ils se réconcilient. Hermodore tire de dessous sa robe un manuscrit qu'il allait publier contre les systèmes d'Euphrasie ; il le consume sur l'autel des sacrifices. Alors Euphrasie demande que leur commune école soit désignée sous le nom d'Hermodore, par déférence pour l'âge de son ancien rival. L'oracle du temple donne une réponse analogue à celle de Socrate, quand on lui demande une prophétie au sujet de ce grand événement, et de ses suites : « Le vert jouira de tout son éclat, il plaira à tous les yeux, tant que le jaune ni le bleu ne voudront dominer. » Le soir, en soupant avec Périclès, Aspasie lui annonça l'espèce d'hymen qui venait de se conclure ; Périclès sourit. On en parla beaucoup dans Athènes, pendant trois jours au moins. Les uns blâmèrent cette réunion ; les autres y cherchèrent des motifs secrets, importants ; les sages applaudirent.

---

1. P. 11, *Hermodore et Euphrasie, anecdote athénienne.*

Quant au prospectus, on était en train de l'élaborer ; ce n'était pas chose aisée que de tomber d'accord. Legouvé l'envoyait à Amaury Duval, celui-ci à Ginguené ; les « Décadiens » proposaient des corrections, dont les « Mercuriels » ne voulaient pas : encore fallait-il que le ministre revît l'ensemble, et se déclarât satisfait. Le texte parut enfin[1], privé de toute fleur de rhétorique, et sans faire de nouvelles allusions à Hermodore-Chateaubriand, Euphrasie-Ginguené, Aspasie-Fouché, et Périclès-Napoléon. Il louait longuement le *Mercure*, qui avait toujours représenté la culture française : sa réunion avec la *Décade*, en 1793[2], lui fournissait une transition habile pour louer aussi la *Revue*. Il louait la fusion des deux journaux, « inattendue, mais nécessaire. » Il louait l'empereur, protecteur éclairé de la littérature. Il louait tout le monde, et terminait en indiquant l'adresse du libraire et le prix de l'abonnement.

P. 8.   Tiendra-t-on, maintenant, les promesses financières qu'on a faites à Ginguené ? Et en second lieu, lui laissera-t-on la liberté d'exprimer sa pensée, suivant l'assurance formelle qu'on lui a plusieurs fois renouvelée ? Du traitement fixe qu'on devait lui assigner, il n'est plus question. La pension que Fouché s'était fait fort d'obtenir auprès de l'Empereur, on l'oublie. Par l'intermédiaire de Garat, qui *P. 11.* s'est rallié au pouvoir tout en restant fidèle aux Idéologues, il réclame timidement. Il n'aspire pas aux six mille francs de Chénier ; il sait que ces grosses sommes sont réservées à ceux qui obéissent bien, et qui louent ; trois mille francs, ajoutés au produit de son travail, lui suffiraient pour vivre ; il ne demande pas davantage. Il n'obtient rien. Reste sa part du *Mercure*. Mais il a raison de douter qu'elle produise jamais quelque chose. La situation du journal ne fut prospère que pendant les mois qui suivirent immédiatement la réunion. Il ne toucha qu'une seule fois un dividende, d'ailleurs fort modeste. Amaury Duval, Lebreton, J.-B. Say et lui-même eurent à se partager les quatre douzièmes de dix-huit cents francs ; et comme ils voulurent associer à leurs bénéfices Aumont, l'ancien bailleur de fonds de la *Décade*, il ne resta que cent vingt francs à chacun d'eux. Après cette maigre aubaine, qui lui échut lors de la première reddition de comptes, en février 1808, Ginguené ne reçut du *Mercure* que le produit brut de ses articles, à raison de deux cents francs par feuille d'impression[3].

---

1. En octobre 1807, sans indication de jour, sur une feuille publiée à part.
2. Voir Tourneux, *Bibliographie citée*.
3. Renseignements tirés des papiers inédits de Ginguené.

Ce ne fut jamais par un sens excessif de l'opportunité qu'il se dis- *P.* 13.
tingua ; et si c'est un défaut que de manquer de souplesse, avouons
qu'il eut ce défaut. Il s'imagina candidement que le *Mercure* allait
ouvrir ses portes toutes grandes à la philosophie ; il crut qu'il lui
suffisait d'invoquer la foi jurée pour qu'on la respectât. Le *Voyage*
de Millin *dans les départements du Midi de la France*[1] lui fournit,
pour ses débuts, l'occasion d'écrire un article qui étonna Amaury
Duval, scandalisa Legouvé, irrita Fouché, et lui revint si mutilé,
qu'il jugea préférable de le garder pour lui. Cet article n'est pas arrivé jusqu'à nous ; mais nous pouvons aisément nous figurer ce qu'il
contenait, d'après les passages du livre auxquels le *Journal* renvoie. Non seulement anticlérical, mais antireligieux, et d'une façon
forcenée ; toujours prêt à maudire la « fureur sacerdotale », à rappeler les dragonnades, l'inquisition et la Saint-Barthélemy[2] ; cher-
chant par tous les moyens à « écraser l'infâme[3] », Ginguené distingue, choisit, assemble les traits qui jettent le ridicule sur le catho-
licisme : et c'est cela qu'il offre paisiblement au *Mercure*, qui représente exactement les idées, les doctrines, les habitudes opposées.
Il entend railler les « momeries religieuses », fidèle à la tradition
de Voltaire, dans le journal où Fontanes a présenté à la France
le *Génie du Christianisme*. Il fait scandale avec sérénité. Les
« Mercuriels » croiraient à une mauvaise plaisanterie de sa part,
s'ils ne connaissaient tout le sérieux de son ingénuité.

Millin raconte qu'il y a dans beaucoup d'églises de France des diptyques représentant des sujets profanes, qu'on prend pour des sujets reli-
gieux ; la bibliothèque de la collégiale de Sens en contient un que le
sacristain lui a fait voir « avec la simplicité et la candeur qui doivent
accompagner son état », en même temps qu'un morceau de la verge de
Moïse et d'Aaron, et un os du prophète Isaïe. Or le diptyque figure le
triomphe de Bacchus ; et il contient l'office des fous, composé par
Pierre de Corbeil, archevêque de Sens, qui mourut en 1222. Ginguené
doit être bien heureux de trouver des détails comme ceux-ci : « Les
prêtres étaient barbouillés de lie, masqués ou travestis de la manière
la plus folle et la plus ridicule ; ils dansaient en entrant dans le chœur
et y chantaient des chansons obscènes ; les diacres et les sous-
diacres mangeaient des boudins et des saucisses sur l'autel devant le
célébrant... » Le chant de la prose de l'âne était une des principales

---

1. *Voyage dans les départements du Midi de la France*, par Aubin Louis Millin, Paris, 1807-1811, 4 tomes en 5 vol. in-8.
2. Voir la *Décade* du 28 février 1797, tome XII, n° 16 : *Éducation d'un prince*.
3. C'est ainsi qu'il termine ses lettres, avant la Révolution.

cérémonies de cette fête : on l'entonnait le jour de la Circoncision,
en conduisant un âne, orné d'une belle chape, vers l'autel : « Adventavit asinus[1]... ». Autre anecdote du même genre : Millin voit à la
municipalité d'Aix, dont la grande salle tient lieu de musée, le
mausolée élevé au marquis d'Argens par Frédéric II. C'était le roi
de Prusse lui-même qui avait composé l'épitaphe : « Veritatis amicus, erroris inimicus ». Cependant le clergé jugea nécessaire de
répandre que le philosophe avait été désabusé ; on fit entrer sa
veuve dans cette fraude pieuse, et elle écrivit au roi pour lui
faire part de cette prétendue conversion de son mari. Puis elle
se rétracta. Alors aucune église ne voulut recevoir le mausolée,
sauf celle des Minimes d'Aix, à condition qu'on changeât l'inscription funéraire : « Instante morte — Annos aeternos recogitanti —
Velum nugacitatis — ablatum est[2]... ». Millin décrit encore la procession de la Fête-Dieu, instituée à Aix par le roi Pierre, en 1462.
Un cortège étrange où le ciel est représenté à côté de l'enfer et où
les divinités de l'Olympe fraternisent avec les anges, les saints, la
Vierge et même le Christ, parcourt les rues de la ville[3]. En rapportant cette coutume, Ginguené met le comble à sa maladresse ; il a
l'air de fronder directement le pouvoir, puisque la princesse Borghèse vient précisément de favoriser de son argent et de sa protection la reconstitution du cortège historique du roi René.

On pense bien que la censure, et le ministre lui-même, ne perdirent pas cette occasion de donner à Ginguené une bonne leçon.
Le triomphe de Bacchus, la fête des fous, la prose de l'âne, le cortège d'Aix, furent impitoyablement retranchés ; retranchés, tous les
éloges qu'il avait accordés à la philosophie. Quand son article lui
revint défiguré, il pensa ne plus collaborer au *Mercure*. Il épancha
sa tristesse dans une lettre à Amaury Duval, qui vaut la peine sans
doute d'être connue :

Saint-Prix, 22 octobre 1807.

J'ai reçu, mon cher concitoyen, avec votre lettre du 20, l'opération
censoriale ou plutôt ministérielle qu'a subie mon malheureux extrait.
J'ai laissé passer le premier mouvement, qui a été tel qu'il devait être ;
et c'est avec le même sang-froid que je vous écris que s'il s'agissait ici
de l'affaire d'un autre, J'ai commencé par faire de ce chiffon, car ce
n'était plus autre chose, le seul usage qu'on en pût faire ; j'ai pris en-

1. Tome I, chap. v, p. 64 et suiv.
2. Tome II, chap. L, p. 278 et suiv.
3. Tome II, chap. LIV, p. 299 et suiv. Le *Mercure* publia, en février 1808,
p. 253, un compte rendu du voyage de Millin autre que celui de Ginguené.

suite le seul parti que j'eusse à prendre, et toutes les puissances de la
terre ne m'en feraient pas changer. Parlons maintenant de la chose
même et non pas de moi. Dans cette manière de faire aller un Journal,
toute idée de bonne administration est détruite. On nomme un censeur;
pourquoi? C'est pour qu'il prévienne dans le Journal qu'il censure toute
publication contraire aux intentions qu'on doit lui avoir communi-
quées; c'est à lui d'être responsable, et pour mettre sa responsabilité à
couvert, c'est à lui non pas de corriger, mais d'indiquer aux auteurs ce
qui exige correction. Si à la moindre incertitude le ministre est consulté; si les manuscrits lui sont soumis, il est porté à exagérer lui-
même ses principes; distrait par de plus grandes affaires, au lieu de
corriger, il mutile; et sans peut-être s'en rendre compte, voyant dans
ce traitement fait aux productions de l'esprit un nouvel exercice de son
pouvoir, il en étend involontairement les barrières plutôt que de les
resserrer. Les réformes sont poussées à l'extrême, et beaucoup de choses
sont supprimées, que le censeur eût pu laisser, sans qu'on se fût avisé
même de lui en faire un reproche. C'est ce qui est arrivé de mon extrait, et ce qui ne serait pas arrivé si mon confrère Legouvé, après l'avoir
lu, s'était donné la peine de marquer en marge d'un trait de crayon ce
qu'il croyait contraire aux instructions qu'il a reçues et m'eût engagé
à le supprimer. Il est vrai que ni lui, ni moi, ni personne que je sache
n'y eut compris sans doute ce qui regarde la fête des fous et la prose de
l'âne... Mais n'entrons point dans les détails, cela serait trop long. Re-
venons. J'ai autrefois passé à la censure royale et même sorbonique, je
n'ai jamais rien vu de pareil; mais je l'aurais vu peut-être si le censeur
n'avait pas fait son métier, et s'il eût fait opérer le ministre. Quel parti
prendrai je, me demandez-vous? Je ne doute pas que vous l'ayez deviné sur le champ. D'abord, quant à cet extrait-ci, qui n'avait plus ni
pied ni tête, je n'aurais pu souffrir qu'il parût ni avec ni sans mon nom.
Il faut que les gens au pouvoir sachent qu'il y a une chose qui n'est pas
en leur pouvoir, c'est de faire un métier qu'ils ne savent pas. Par exemple, un article assez long sur le mausolée de d'Argens commençait par
annoncer *les vicissitudes diverses* qu'a éprouvées ce monument. On a tout
rayé impitoyablement, excepté le premier acte de cette comédie, c'est-
à-dire l'acte de munificence et d'amitié de Frédéric II, qui en avait ordonné
l'érection. Ce que le mausolée éprouva de la part des cafards de moines (j'ignorais que les moines fussent la religion), ce qu'il éprouva ensuite pendant la Révolution, enfin l'état où il se trouve aujourd'hui,
tout était bravement bâtonné, en sorte que ses vicissitudes annoncées
se bornent à sa première création. Voilà ce qu'est et ce que sera toujours une censure de main de ministre. — Venons à moi. Vous n'ignorez
pas, mon cher concitoyen, avec quelle répugnance je reprenais de temps
en temps ce travail pénible, et plus pénible de jour en jour. Je ne suis
point et n'ai jamais été journaliste de profession. Je suis un ami des
lettres et des lumières, d'une humeur paisible et indépendante, étranger
à toutes les petites intrigues et à toutes les petites passions qui désho-
norent la littérature, n'écrivant que pour exercer un art que j'aime,
pour éclairer ma raison et, quand je puis, celle des autres. Il est aussi
impossible de faire entrer toute autre considération dans mon esprit,
que de faire entrer dans mon âme une passion vile ou haineuse. Dans

ce moment, qui n'a pu avoir pour moi que beaucoup d'amertume, et qui
en a en infiniment plus que je n'en ai laissé paraître, j'aurais eu besoin
de beaucoup d'encouragements pour pouvoir me remettre à un genre
de travail que je n'aime pas, et pour lequel je me sentais, depuis ces
circonstances, une véritable aversion. Au lieu de cela, vous voyez ce qui
m'arrive. Vous me parlez de ressentiment, je n'en ai pas. Je ne permets
pas ainsi aux choses extérieures de me troubler ; mais je vois clai-
rement ce que j'entrevoyais déjà fort bien, c'est qu'il me serait physi-
quement et moralement impossible d'écrire une ligne qui n'a pas seulement pour censeur un de mes confrères, mais un ministre. Je ne sais
ni ce qui n'aurait pas besoin d'être soumis à cette censure, ni ce qui y
pourrait passer. D'autres travaux m'appellent, et demandent toute mon
application et tout mon temps. Les années s'écoulent, la vie m'échappe.
Je suis las de la critique, qui fait beaucoup d'ennemis sans avoir l'uti-
lité qu'on s'en était d'abord promise, et dont l'illusion est nécessaire
pour qu'un homme de quelque valeur puisse consentir à l'exercer. C'est
à moi de m'y soumettre à mon tour. Je n'ai que trop écrit sur les ouvrages des autres ; il est plus que temps de donner aux autres sujet de
parler des miens. Vous voyez que la résolution que j'ai prise n'est nullement l'effet de l'aigreur, mais le fruit d'une mûre réflexion. Après
l'acte d'autorité qui avait disposé de nous, il n'y avait qu'un seul moyen
peut-être de me rengager dans la carrière, mais on fait tout le contraire.
Vous me dites *confidentiellement* que vous croyez entrevoir que le ministre attend de moi un article *signé* pour faire valoir tous les titres que
j'ai à des récompenses. Je vous rendrai confidence pour confidence, et
je vous dirai que cette marche ne vaut rien avec moi. Personne, sous ce
régime-ci, ne s'est encore avisé du moyen qui puisse donner sur moi
quelque prise. J'ai, comme tout le monde, mon endroit faible et mon
défaut de cuirasse ; on ne l'a pas deviné ; cela est heureux pour moi :
qui sait où l'on pourrait m'entraîner par la reconnaissance ? Assurément
on a été bien loin de m'exposer à ce danger. Tout autre est absolument
nul pour moi. Les personnes ni les menaces ne me sont rien ; et l'on
ne me réduira pas dans un état pire que celui où j'étais le 8 thermidor
de l'an II[1]. Or dans cet état-là même je n'ai rien dit, rien fait, rien écrit,
rien rétracté, dont j'aie à me repentir...

Mais il faut vivre ; il faut, en conséquence, que Ginguené apaise
son indignation, et triomphe de son dégoût ; il faut qu'il réfrène
les mouvements de colère qui emportent et secouent son âme.
Il reprend donc la plume qu'il avait laissé tomber et se remet à
écrire. Puis, recommençant à écrire, il revient au goût de la vie. Car
la fin du *Journal* nous montre ce qui constitue le caractère même
de son auteur : cette fidélité à ses principes, cette volonté tenace,
obstinée, d'exprimer sa pensée malgré tous les obstacles, ce courage
qui le pousse à lutter même au moment où on le croit vaincu.

---

1. C'est le moment où Ginguené, emprisonné, attendait tous les jours la
mort.

toutes les qualités qui finissent par lui donner une sorte de gran- *P.* 19.
deur. Il envoie d'abord au *Mercure* des articles qu'il n'a pas expressé-
ment composés pour les lecteurs : ses fables[1], son cours à l'Athénée[2].
Ce n'est pas, à proprement parler, une collaboration dans le sens précis où il l'entend ; il ne rentre pas en communication directe avec le
public : il consent à donner ce qu'il a écrit, mais non pas à écrire en
vue d'éclairer et d'instruire, par un effort de pensée, des amis ano-
nymes auxquels il s'efforcerait d'être utile. Un peu plus tard, il fournit
des articles qu'il sait être incolores ; ce sont ses phrases qu'il remet
à Legouvé, pour qu'il les imprime si bon lui semble ; ce n'est pas
encore l'essentiel de sa pensée. Sa blessure, en effet, n'est pas cica-
trisée ; qu'on traite avec quelque brutalité ce qu'il vient d'écrire, et
il souffrira de nouveau : il ne veut pas tenter l'aventure. Ainsi paraissent ses études sur l'*Art d'aimer* d'Ovide, traduit par Saint-
Ange[3] ; sur les poèmes de Miss Williams, traduits par Boufflers et
Esmenard[4]. Rédigées sans plaisir, presque avec crainte, elles n'en-
gagent pas encore le vrai Ginguené.

Mais naisse une occasion de reprendre le bon combat, le voilà qui *P.* 20.
sort de son « inertie », qui retrouve ses forces, et qui fond sur
l'adversaire. « On annonce, mon cher concitoyen, un supplément aux
lettres de Voltaire en deux volumes. Je serais bien aise d'en rendre
compte. Tâchez, je vous prie, de me les faire réserver. Ce serait une
occasion de parler de Voltaire comme il faut qu'on en parle toujours,
et non cette avec demi-justice qui est un accommodement avec ceux
qui sont tout à fait injustes envers lui[5]. » Et là-dessus, il attaque
« les esprits anti-voltairiens », « les gens à visière trouble » qui
« s'obstinent à voir dans Voltaire, dans Rousseau, d'Alembert, Helvétius, Diderot, etc., la honte et la perte de la France au xviiⁱ siècle, et qui « en voient apparemment le salut et la gloire dans
Abraham Chaumeix, l'abbé Desfontaines et Martin Fréron[6] ». La
Harpe ressuscite ; on publie les œuvres complètes de Jean Racine,
avec le commentaire qu'il en a fait. Or Ginguené veille désormais ;

1. Octobre 1807, p. 118 : *La rose, le jasmin et le chêne.* Nov. 1807, p. 386, *Le cheval et l'âne.*
2. Décembre 1807, p. 439 : *De la tragédie italienne au xvi* siècle, suite p. 545.
3. Janvier 1808, p. 64 : *L'art d'aimer, d'Ovide, traduction en vers par M. de Saint-Ange, avec des remarques.*
4. Février 1808, p. 305 : *Recueil de poèmes extraits des ouvrages d'Héléna-Maria Williams, traduites de l'anglais par M. Stanislas de Boufflers et par M. Esmenard.*
5. Lettre inédite à Amaury Duval, non datée (mars 1808).
6. Mars 1808, p. 450 : *Supplément au recueil des lettres de M. de Voltaire.*

ou pour mieux dire il est réveillé. Il ne s'occupe pas de Racine, que d'autres loueront suffisamment ; il s'en prend à La Harpe, qu'on ne critiquera jamais assez. Pour lui asséner plus de coups, et de plus rudes, il ajoute même à son *Commentaire* ses *Œuvres choisies et posthumes*, éditées en 1806 ; de la sorte, il n'a pas moins de onze volumes à condamner[1].

Comme il n'a pas de raison précise de commencer, le *Journal* n'en a pas de finir ; point d'autre, que le bon plaisir de Ginguené. Puisqu'il eut si peu souvent l'occasion de suivre son caprice, ne lui en veuillons pas s'il s'interrompt tout d'un coup, et nous fausse compagnie sans prendre congé. En 1814 seulement, frappé par le caractère exceptionnel des événements qui se dérouleront sous ses yeux, il se remettra à écrire ses impressions ; mais pour peu de jours[2]. Il n'est point parmi ces grands seigneurs de la littérature, qui, non contents d'avoir occupé de leur vivant la scène du monde, prétendent y figurer encore après leur mort, par les Souvenirs, les Mémoires ou les Confessions. Son rôle a toujours été plus modeste ; il s'estime heureux, si le public veut bien conserver le souvenir de ses fables ou de sa critique ; il le tient quitte de sa personne. Sa personne n'intéresse que lui-même ; c'est bien le moins que l'on doive pardonner à la faiblesse humaine.

Il y a des objets que l'on aime moins par leur beauté intrinsèque, que par leur caractère et par leur style ; leurs lignes, leurs formes, leurs couleurs, sont comme liées par une harmonie secrète ; ils sont le témoignage permanent d'un goût qui n'est plus le nôtre, mais qui a eu sa raison d'être ; ils ont représenté, pendant une génération et quelquefois pendant tout un siècle, un idéal d'art : ce souvenir demeure en eux, et leur donne une noblesse et une valeur. Le *Journal* de Ginguené a ce genre de charme ; il représente pour nous le xviiie siècle finissant, avec ses haines tenaces, ses passions vigoureuses, sa manie littéraire, et sa sentimentalité raisonneuse.

---

1. *Œuvres complètes de Racine, avec le commentaire de M. de la Harpe*, Paris, 1807, 7 vol. in-8. *Œuvres choisies et posthumes*, Paris, 1806, 4 vol. in-8. L'article de Ginguené, commencé en mars 1808, p. 552, se poursuit en avril, p. 162 ; mai, pp. 359 et 404 ; juin, p. 352.

2. Encore ces impressions se réduisent-elles surtout à un état de recettes et de dépenses. Collection Parent de Rosan, ms. cité, folio 130 : « Janvier 1814. Nous commençons une terrible année ! Effrayé des événements qui nous menacent, on ne l'est pas moins de la détresse qui en sera le résultat inévitable. Si je survis à cette triste époque, je ne serai pas fâché de me rappeler comment je l'aurai franchie ; c'est ce qui m'engage à écrire ici mes recettes et mes dépenses, usage que j'ai perdu depuis longtemps, et qu'on devrait conserver toujours. »

Il est déjà un peu en retard sur son époque ; il apparaît déjà comme un peu vieillot, puisque certaines manifestations de la pensée contemporaine se trouvent singulièrement plus près de nous. Mais cette condition même, en accentuant son caractère, lui donne plus de prix. Il ne messied pas à une œuvre d'être surannée, lorsqu'elle est sincère en même temps. Notre goût, après tant d'expériences et de si variées, éprouve une sorte de tendresse secrète pour ce qui est le plus différent de nous.

L'historien, aussi, trouvera son compte dans le témoignage qui lui est ici fourni : témoignage dépourvu d'artifice, et qui est pour ainsi dire vécu, au jour le jour. Ce ne sont point là les aventures d'un brouillon, auquel on aurait appliqué des mesures d'exception, précisément pour châtier des fautes exceptionnelles. Ce sont les mesures appliquées ordinairement, régulièrement, à l'époque d'Iéna et d'Austerlitz, aux hommes qui prétendaient non pas même agir, mais penser avec quelque liberté. Et certes, ce n'est pas à dire que les aspects glorieux de la domination napoléonienne ne soient pas vrais : mais celui-ci est vrai d'une vérité égale. Il a suffi à Ginguené de raconter les faits, pour dresser contre la politique de l'empire un véritable acte d'accusation. Toute liberté de pensée, traquée ; la presse, étouffée ; les livres, mutilés ; les écrivains, achetés, pour peu qu'ils s'y prêtent, et, s'ils s'y refusent, persécutés ; comme moyens, la fourberie alliée à la violence ; voilà ce qu'il nous montre, avec une saisissante simplicité. Le *Journal* sert d'illustration aux décrets et aux lois sur la police de l'esprit, il nous les montre en action.

Il nous permet d'admirer enfin, sinon un très grand esprit, au moins une belle âme ; ce qui est encore moins commun. Courageuse et obstinée, elle s'est assignée une tâche vers laquelle elle revient toujours, chaque fois que l'on veut l'éloigner ; elle n'a pas de cesse qu'elle ne l'ait reprise. Ginguené, quand la grande majorité des écrivains se convertit à la politique nouvelle, par des conversions qui ont seulement le défaut de leur être profitables, ne change pas. Sa conscience l'oblige à compliquer les misères de sa vie d'auteur besogneux, par l'hostilité toute-puissante de l'empereur. Il préfère ses convictions à ses intérêts. On a dit souvent que ces simples et obscurs devoirs étaient les plus difficiles à remplir ; il remplit le sien avec une énergie qui mérite toute notre sympathie. Les premiers frissons romantiques, qui agitent déjà l'âme de quelques-uns de ses contemporains, lui sont encore inconnus. Point de cris désespérés, ou de sanglots bruyants. Il ne croit pas que sa douleur soit la mesure de celle du monde; il ne crie pas que l'univers est mauvais, parce que lui-même est malheureux. Sa tristesse n'est pas matière à littérature; son style simple, voire un peu lourd, semble même dissimuler ses sentiments profonds, loin de vouloir les amplifier et les exagérer; il faut être très attentif, pour saisir parfois dans l'allure de ses phrases une amertume passionnée, qui se traduit malgré elle. Il est courageux; il est brave. Il professe, pour lui-même et pour les autres, cette idée constante, qu'il existe un bien à réaliser; et qu'on doit mettre tous ses efforts à le réaliser, en effet : alors seulement, on remplit la mesure de son être. Voilà pourquoi, malgré ses défauts, qui sont évidents, il fait bon passer quelques instants en sa compagnie. Laissons-lui la parole, pour finir; et puisqu'il nous a si longuement parlé, avec une tendresse si naïve, de ses fables, choisissons une fable qui symbolise sa vie[1] :

> Un soir, j'étais presque endormi :
> J'entendis frapper à ma porte.
> Ouvre, me dit-on, notre ami ;
> C'est la Fortune et son escorte.
> — Moi, votre ami ! Non, s'il vous plaît ;
> Meilleur gîte je vous souhaite.
> Allez loger chez l'intérêt :
> Que feriez-vous chez un poète ?
> — Donne au moins l'hospitalité
> A trois de mes sœurs : l'Opulence,
> La Grandeur, et la Dignité.
> — Je ne le puis en conscience ;
> Je la donne à la Pauvreté.
> — Mais la Gloire, la Renommée.....
> — Pour elles ma porte est fermée.
> — Elles iront chez tes rivaux.
> — Soit : ils auront de la fumée,
> Et je garderai mon repos.

1. *La fortune et le poète*, fable 50.

APPENDICE

I. — Sur un cahier de papier, des plumes, etc., mis dans ma chambre
à Combs-la-Ville[1].

L'encre et le papier
Sont ici chose inutile ;
Sans encre et papier
On y passe un jour entier.
Le joli métier
Qu'on fait à Combs-la-Ville !
Sans encre et papier
On y passe un jour entier.

Auprès du papa
Qui s'aviserait d'écrire ?
Aucun n'écrira
Mieux que ce joyeux papa.
Aucun n'instruira
Comme il fait en faisant rire ;
Aucun n'écrira
Mieux que ce joyeux papa.

Près de la maman
S'agit-il d'encre ou de plume ?
Près de la maman
On s'oublirait tout un an.
Aimer est son plan,
Être aimée est sa coutume ;
Près de la maman
On s'oublirait tout un an.

---

1. Ginguené est allé passer la journée du 11 octobre 1813 dans la maison de
campagne d'Amaury Duval. Il y écrit ces vers, que nous donnons comme assez
caractéristiques de la même psychologie littéraire qui lui a dicté les Fables.

    Ferait-on des vers
Pour Malvina, pour Adèle ;
    Ferait-on des vers
Pour ces deux enfants si chers ?
    Leurs talents divers
Font bien trotter la cervelle ;
    Mais leurs doux concerts
Valent mieux que prose et vers.

    Sans rien employer
Je regagne donc la ville ;
    Sans rien employer,
Encre, plume, ni papier.
    Quel joli métier
J'ai fait à Combs-la-Ville !
    Ah ! sans l'oublier
Je vivrais un siècle entier.

II. — LE VOLEUR ET LE CHIEN[1]

« Pourquoi donc, pauvre sentinelle,
Pourquoi refuser de ma main
Ce gros et blanc morceau de pain ? »
Un fin voleur ainsi parlait au chien fidèle.
« Parce que de tes dons je connais la valeur.
Pour te glisser par cette porte
Tu veux rendre ma voix ou muette ou moins forte,
J'ai faim, mais j'aboirai : ton pain me fait horreur.
Le chien fidèle ainsi répondit au voleur.

1. Ginguené a exclu cette fable de son recueil de 1810, et de celui de 1814,
peut-être à cause de sa brièveté excessive. On la retrouve dans les manuscrits
de la Bibliothèque nationale, au volume que nous avons cité (9194).

III. — La toilette et le livre[1].

LA TOILETTE

Toi dont les conseils austères
Ont troublé mes doux mystères,
Quel est ton emploi, ton nom ? —

LE LIVRE

Je suis d'un auteur moderne
Le chef-d'œuvre ; je gouverne
La dame de la maison. —

LA TOILETTE

De quoi lui fais-tu leçon ? —

LE LIVRE

De l'art d'expliquer les choses
Et leurs effets et leurs causes,
D'analyser sa raison,
De peser sans passion
Les intérêts politiques
Des rois et des républiques ;
De comparer Cicéron
Aux philosophes stoïques,
Et les péripatétiques
A l'école de Platon. —

LA TOILETTE

Que dis-tu là ? Quel jargon ?
Ici, j'ai servi la mère
Si savante en l'art de plaire,
Et la grand'mère et ses sœurs ;
Aucune, je te le jure
Ne fit pareille lecture ;
Et cependant sur les cœurs
Elles régnaient : tendres, sages… —

1. C'est la fable que Ginguené exclut comme peu philosophique ; nous l'avons
retrouvée avec la précédente.

LE LIVRE

Autre temps, autres usages,
Autres talents, autres mœurs
Et des tantes et des mères
Le siècle était ignorant....

LA TOILETTE

On aime donc savamment
Dans le siècle des lumières ?

LE LIVRE

Oui, sur les causes premières
On fonde l'amour ; et puis
On raisonne... —

LA TOILETTE

                    Hélas ! Tant pis.
Mais enfin notre maîtresse
De la plus haute sagesse
Va donc remporter le prix !
Depuis quand l'as-tu connue ? —

LE LIVRE

Depuis un mois seulement.

LA TOILETTE

C'est l'époque, justement,
Où la dame est devenue
Plus folle qu'auparavant.

VI. — LA TOLETTA E IL LIBRO[1].

TOLETTA

Chi sei tu che il mio governo
A turbar vieni in malora ? —

LIBRO

Un filosofo moderno
Che istruisce la Signora. —

TOLETTA

O mì di cosa insegni? —

LIBRO

Ogni effetto e ogni cagione,
A pesar popoli e regni,
A purgar la sua ragione —

TOLETTA

Strane voci ! Ho qui servito
E le suocere e le nonne,
Nè da lor giammai le ho udite ;
E pur eran savie donne. —

LIBRO

Altri tempi, ed altra usanza,
Altri studj, altri costumi :
Già fu il secol d'ignoranza,
Questo è il secol de' lumi. —

TOLETTA

E il suo spirito è dunque giunto
Del sapere all'alta sfera ? —

---

1. Pour permettre la comparaison sur un exemple précis, nous donnons la
fable de Bertola d'où la précédente est extraite.

LIBRO

Sol da un mese...

TOLETTA

Ah un mese è appunto
Ch'è più pazza che non era

Vu
le 2 août 1910 :
Le doyen de la Faculté des Lettres
de l'Université de Lyon,
L. CLÉDAT.

PERMIS D'IMPRIMER :
Lyon, le 5 août 1910.
Le Recteur,
Pour le Recteur,
L'Inspecteur d'Académie délégue,
LAMOUNETTE.

CHARTRES — IMPRIMERIE DURAND, RUE FULBERT.